王更生著

王更生先生全集 第一輯

第九冊　臺灣近五十年文心雕龍研究論著摘要

文史哲出版社印行

王更生先生全集 第一輯 18 冊

第九冊　臺灣近五十年文心雕龍研究論著摘要

著　　者：王　　　　　更　　　　　生
出　版　者：文　史　哲　出　版　社
　　　　　　http://www.lapen.com.tw
登記證字號：行政院新聞局版臺業字五三三七號
發　行　人：彭　　　　　正　　　　　雄
發　行　所：文　史　哲　出　版　社
印　刷　者：文　史　哲　出　版　社
　　　臺北市羅斯福路一段七十二巷四號
　　　郵政劃撥帳號：一六一八〇一七五
　　　電話886-2-23511028・傳真886-2-23965656

定價新臺幣 8000 元

中華民國九十九年（2010）八月十二日初版

臺灣近五十年《文心雕龍》研究論著摘要

王更生總編訂

圖書與資訊集成

文史哲出版社印行

臺灣近五十年《文心雕龍》研究論著摘要 / 王
更生總編訂. --初版. --臺北市: 文史哲, 民 88
　　面：　公分. (圖書與資訊集成 ; 27)
　　ISBN 957-549-208-0(平裝)

820

圖書與資訊集成　㉗

臺灣近五十年《文心雕龍》研究論著摘要

總 編 訂：王　　　　更　　　　生
出 版 者：文　史　哲　出　版　社
登記證字號：行政院新聞局版臺業字五三三七號
發 行 人：彭　　　　正　　　　雄
發 行 所：文　史　哲　出　版　社
印 刷 者：文　史　哲　出　版　社
　　　　　臺北市羅斯福路一段七十二巷四號
　　　　　郵政劃撥帳號：一六一八〇一七五
　　　　　電話 886-2-23511028 · 傳眞 886-2-23965656

實價新臺幣二〇〇元

中 華 民 國 八 十 八 年 五 月 初 版

臺灣近五十年《文心雕龍》研究論著摘要

目　次

壹、凡 例

一、自一九四九年以來，臺灣學術界對《文心雕龍》的研究，由於各
　　大學中文系、中文研究所的開設專業科目，令學生修習，及指導
　　學生從事研究；薰陶漸染，積久成風。於是撰寫論文，或深探力
　　求，著為專書者日多。更生恐其日久零落，收拾困難，遂廣事蒐
　　羅，囿別區分，並各加摘要，用饗讀者。

二、過去宋隆發君於一九七九年六月，在《書目季刊》發表〈文心雕
　　龍研究書目〉。十年之後，東吳大學中文系主任王國良君又發表
　　〈劉勰《文心雕龍》研究論著目錄〉，作為「中國文學批評研討
　　會」參考資料。今又逾十年，此次即在宋〈目〉王〈錄〉的已有
　　基礎上，更新體例，斟酌損益。以見臺灣學術界對「龍學」研究
　　所獲致的豐碩成果。故額其名曰：〈臺灣近五十年《文心雕龍》
　　研究論著摘要〉。（以下簡稱本摘要）

三、本《摘要》收錄自一九四九年到一九九八年，共五十年來有關研
　　究劉勰及其《文心雕龍》之論著。

四、本《摘要》之編排，係按照「專門著作」、「期刊論文」、「博
　　碩士論文」、「論文集」和「域外學者論著」等五大類加以鋪陳。

五、本《摘要》對各類論著，皆先出作品名稱，次列作者姓名，又次
　　為出版處所或刊物名稱卷期，繼而為出版或發行年月，有頁次可
　　按者，殿於各條之末。摘要則另起。

六、本《摘要》內容，計「專門著作」部分四十三種，「期刊論文」
　　部分二百二十三種，「碩、博士論文」部分二十五種，「論文集」

部分八種，「域外學者論著」部分二十三種。各類共計得三百三十二種。

七、本《摘要》特將臺灣師範大學教授王更生君之〈臺灣《文心雕龍》學的研究與展望〉一文，置於各類論著之前。王君此文完成於一九八九年，距今雖近十年，但與臺灣當前研究狀況尚稱接近。尤其文中對「臺灣《文心雕龍》學的成長過程」，和「《文心雕龍》學研究的展望與隱憂」各部分，仍具有見微知著的現實意義，值得吾人警惕和深思。

八、本《摘要》之完成，係先由臺灣師範大學國文系三年級選修《文心雕龍》的學生二十九人，利用寒假期間，作分年分類之搜輯，然後閱讀資料，撰寫摘要。再交由國文研究所碩、博士研究生進行整理、增刪，甚或改寫。然後將完成之初稿，集中交由黃端陽君，用一週時間，作分類剪接，增補歸納。最後，由王更生編訂完成。

九、本《摘要》之資料搜集及出版印刷費之支出，在經費籌措百般困難的情況下，此次「《文心雕龍》國際學術研討會」負責人，臺灣師範大學國文系蔡宗陽主任，及籌備會總幹事劉渼副教授特別通融，酌加支助，故在此書行將面世之時，特別致上衷心的感謝。

十、本《摘要》雖籌備已久，但成稿極晚，文史哲出版社負責人彭正雄先生慨允協助。其排除萬難，為「龍學」會議之召開與支持的熱誠，令人感戴！至於因書成多人之手，而資料如恆河沙數，又難以盡加搜羅，遺珠之憾，必不可免，望學界先進指教。

資料搜集及摘要撰稿人姓名：

臺灣師範大學國文系三年級學生：官怡嫻、張慧琳、黃梅玉、林昭惠、洪培馨、黃巧妮、蕭雅文、蔡純純、翁碧慧、張銓芬、劉麗萍、吳佳璇、游佳樺、柯宛君、柯至軒、宋孔弘、賴永參、黃如婷、黃麗禎、黃月銀、李碧欣、林淑蘋、石佩玉、黃荷媚、賴櫻裕、陳幸姿、曹志豐、陳函謙、張俊輝。

臺灣師範大學國文研究所碩博士班學生：吳明德、蕭 淑貞、魏素足、郭瓊瑜、蔡美惠、林怡宏、吳品賢、許愛蓮、蔣聞靜、劉志明、陳佳君。

東吳大學中文系研究所碩士班學生：黃端陽。

臺灣師範大學國文系、所講師：林淑雲。

總編訂人：王更生　一九九九年四月二十五日於臺灣師範大學國文系教學研究室

貳、臺灣「文心雕龍學」的研究與展望

一、前　言

　　「文心雕龍學」在中國傳統學術裏，佔有重要地位。尤其當中西文化大量交流的今天，凡論文學思想、文學體裁、文學創作、文學批評，屬於文學理論之事者，無不借重劉勰的《文心雕龍》，作爲立說的依據。

　　臺灣自民國三十八年（西元一九四九）迄今（一九八八），整整四十年來，在「文心雕龍學」的研究上，有爲數甚多的人士，投下他們大量的智慧與精力；同時又在極端特殊的環境下，披荊斬棘，從荒漠中掘出一道甘泉，滋潤了這塊寂寞的樂土。當此之時，回顧以往，展望未來，搦筆和墨，寫這篇報導性的論文，獻給志同道合的朋友作參考，覺得饒富意義。

　　本文寫作的目的，一方面對「文心雕龍學」以往研究的概況，從發展的過程和定點的成就上作分析檢討，另一方面企圖根據分析檢討所得，爲未來的走向，作一前瞻性的規畫和建議。文末結論對「文心雕龍學」在當前所呈現的內在隱憂，也一本忠於學術的立場，毫不諱言的加以扼要提點。

　　在這四十年漫長的時光裏，數以百計的學者，和難以估量的專門著作與單篇論文，不僅情況錯綜複雜，難以掌握，就是把手邊現成的資料，參伍比較，想從中取得持平的結論，已經大感不易。更何況有些專門著作，動輒數百頁，長達數萬或十數萬言；一個單篇論文有時短者千語，長者萬言，個人困於有限的時間和精力，也很難探驪得珠，略

無遺漏。所以作者在寫作本文時，雖然堅持「毋意、毋必、毋固、毋我」的態度，力求客觀中肯，但囿於總總條件，仍難隨心所欲，所以運筆揮灑時，定有許多不可避免的缺點，希望同道先進能諒解我不得已的疏忽而賜予指正。

二、「文心雕龍學」的成長過程

臺灣以往在日本皇民化的教育制度下，有心人士雖然想掙脫殖民地的枷鎖，對我大漢民族的傳統力圖維護，但在救亡圖存之惟恐不暇，對於學術研究來說，更是侈談。尤其在日本統治了五十年以後，政府三十八年播遷來臺的當時，第一件重要施政就是大力推行國語。語言是溝通情感的橋樑，語言不通，其他一切等於空談。在這種特殊的政治背景下，「文心雕龍學」於臺灣原有的文獻中，還很少看到這一類的論文。所以今天來談「文心雕龍學」的成長過程，必定要從三十八年（一九四九）作開始的上限，即令是這樣，如果容我們回顧三十八年當時臺灣的學術研究環境，真可說是滿目瘡痍，不堪回首！

假使學術研究按照發展狀況分期的話，臺灣「文心雕龍學」的研究，可以十年為單元，把它分成初期、中期、近期、晚期四個梯次。以下筆者對這四個梯次的內容真象，逐一說明。

㈠初期開拓的艱辛

所謂「初期」是指民國三十八年（一九四九）到四十九年（一九六〇）。此時臺灣光復未久，各級教育內容還沒有完全蛻盡日本皇民化教育的色彩，整個臺灣的大學不多，而具有大學規模的除國立臺灣大學外，更屬少見。譬如今天的師範大學，初期祇是國語專科學校，以後改制為省立師範學院，中興大學的前身是臺中農學院，成功大學的前身為臺南工學院。目前臺灣大專院校林林總總，不下百所，以彈丸之地，設立百所以上的專校，這種盛況，在四十年以前，連做夢也

沒有想到。而當時的大學院校真正設有中文系的，又僅限於臺灣大學和師範學院兩所而已，這兩所學校當時正鬧學潮，學生既無心讀書，老師又甫自大陸來臺，待遇菲薄，師資不足，教科書缺乏，參考資料沒有。在這種滿目蒼涼，風雨飄搖的情況下，想要為中文系建基立業，其實際的困難，直如陸地行舟。

民國三十九年，先總統復行視事，纔算穩住陣腳，有了新興氣象。當時講授《文心雕龍》於上庠的，在臺大中文系是廖蔚卿，師院國文系是潘重規先生。以後潘先生遠赴香江，又改由高仲華先生講授，他們給臺灣初期「文心雕龍學」的研究，孕育了一線生機。同時師範學院在高仲華先生的規畫下，民國四十二年以後，陸續開辦國文研究所碩士班和博士班，為國學研究奠定堅實基礎。至於民國五十三年（一九六四）五月李宗慬先生提出《文心雕龍文學批評研究》，就是經由李漁叔先生指導完成的第一篇碩士論文。這篇學位論文，較之香港建文書局影印中共學者郭晉稀的大作《文心雕龍譯注十八篇》，其問世時間還早三個月（案：郭先生的著作印行於五十二年（一九六三）八月）。

㈡中期發展的猛進

民國五十年（一九六一）到五十九年（一九七〇）是「文心雕龍學」研究的中期，臺灣社會局面在政府安定中求進步的政策下，由原先以農業培植工業，走向以工業促進農業的新導向。外貿迅速發展，國民所得直線上升，社會安定，經濟繁榮，均富理想的實現，給臺灣帶來富而後教的可能。各級學校在升學的激烈競爭下，不但私立大專院校紛紛設立，就是原有的公立大專院校，也都或改制、或新增，年有數起。如改制的有省立師範學院改為國立師範大學，臺中農學院改為中興大學，臺南工學院改為成功大學，新增的有高雄師範學院、政治大學、清華大學、交通大學、中央大學理學院、海洋學院。這裏除

交大、海洋學院限於性質特殊，未設中文系外，其他大多有中文系或中文研究所。尤其在民國五十四年（一九六五），為了配合工業升級，培養中下級專技人才的需要，在鼓勵私人興學的號召下，同期成立了數十所五年制專科學校，招收初中畢業生。所以「文心雕龍學」的研究到了中期，跟著教育制度的改革，各方面也發生了很大的變化。除了廖蔚卿仍在臺大中文系講授《文心雕龍》外，師大的高仲華先生應香港聯合書院聘，遠赴國外後，《文心雕龍》已改由方遠堯、李曰剛二位先生分別擔任。在政大中文系講授此科的張立齋，高雄師院鍾京鐸、淡江黃錦鋐先生、東吳華仲麐先生、輔仁曹昇等，皆為一時之選。經他們裁成而能獨立研究的青年學人，其中比較特殊的，如臺大的齊益壽，師大的王更生、黃春貴、沈謙，輔仁的王金凌，淡江的龍良棟。因為彼此切磋，相激相盪，頗能收鼓動風氣之效，為《文心雕龍》研究帶來突飛猛進的契機。

　　以下幾種重要著作，為中期「文心雕龍學」的發展作出了偉大貢獻。如李景溁在五十六年（一九六七）十二月經臺南翰林出版社印行了《文心雕龍評解》，次年（一九六八）四月又賡續出版了《文心雕龍新解》，政大教授張立齋由臺北正中書局發行了他的《文心雕龍註訂》，對早期范文瀾著的《文心雕龍註》作了全面性的訂正。為「文心雕龍學」基礎性研究，奠定穩固的根基。臺南成功大學中文系的張嚴，也在五十八年（一九六九）二月經臺北商務印書館出版了他的《文心雕龍通識》。至於因研究《文心雕龍》而榮獲學位的，繼五十三年五月師大碩士李宗懂之後，私立文化學院中文研究所劉振國因〈劉勰明詩篇研究〉一文得到碩士學位。美國西雅圖華盛頓大學華裔教授施友忠《中英對照本文心雕龍》也於此時交由臺北中華書局發行。對中西文學理論之交流得到正面肯定。淡江在黃錦鋐先生的領導下，集結該系同仁的研究心得，於五十九年（一九七〇）出版了第一部集體

創作《文心雕龍研究論文集》。以上各著，雖然他們的內容不同，但對「文心雕龍學」的推動，都盡了時代的使命。

㈢近期成果的輝煌

民國六十年（一九七一）到六十九年（一九八〇）是所謂之「近期」。這十年中，臺灣不僅在政治上、社會上呈現空前的安定，經濟上更突顯了海島型經濟特色。因外貿的大量出超，而躍居亞洲四小龍地位。也由於經貿的成就，帶動了國民的收入增加、社會的繁榮。當此之時，臺灣全島居民無不豐衣足食，過著堯民舜日的太平生活。學術研究來自社會安定，尤其自經國先生擔任行政院長後，主動調整大中小學教師待遇，大學教授始有餘力購置圖書，致力於學術研究工作而心不旁騖。

「文心雕龍學」在這一時期，臺大除廖蔚卿外，齊益壽也加入了教學陣營，在該校夜間部中文系講授《文心雕龍》，師大方遠堯、李曰剛兩位先生的屆齡退休，王更生便在義不容辭的情況下，接下了這個學術研究的棒子。以後他又先後在中央大學、東吳大學兼任。政大方面因張立齋赴加拿大依親，所遺「文心雕龍」課程由舒衷正講授。其他各大學中文系對《文心》一科或設或不設，較之以往，沒有太多變化。

「文心雕龍學」的研究，在各校師生推動下，有很多志同道合的青年朋友認為《文心雕龍》的作者劉勰，其持論之周延、態度之客觀，留下很多研究的空間，等待今人去發揮、去結合、去充實，甚至去改進。尤其談到中國文學，更把《文心雕龍》尊為文論的經典，所謂「體大慮周，籠罩群言」。在實際成就上，中文研究所學生因研究文心而榮獲碩士、博士的為數較前更多，譬如民國六十一年（一九七二）輔仁大學陳端端，以〈劉勰鍾嶸論詩歧見析論〉獲得碩士後，次年王金凌也因為有〈劉勰年譜〉之撰，繼陳端端後也得到文學碩士學位。師大的

黃春貴、沈謙，更分別以〈文心雕龍之創作論〉和〈文心雕龍批評論發微〉，於六十二年、六十三年先後得到碩士學位。沈謙更在六十九年，以原來的碩士論文爲基礎，擴大堂廡，調整格局，別撰〈文心雕龍之文學理論與批評〉，由王夢鷗、李辰冬兩位指導，獲得了文學博士學位。同年文化大學的陳坤祥，以〈文心雕龍指瑕之研究〉通過碩士論文口試，至於臺灣大學中文研究所，雖然向以運用新方法研究舊文化爲號召，但在「文心雕龍學」劇烈發展的六〇年代，還看不出他們在這方面有甚麼獨創性的著作！

　　研究《文心雕龍》而擲地有聲的專門著作，在此期次第印行的，譬如在校勘方面：有張立齋的《文心雕龍考異》（六十三年正中書局出版），王叔岷的《文心雕龍綴補》（六十四年藝文印書館出版）。在注釋方面：有王久烈等合註的《語譯詳註文心雕龍》（六十五年弘道文化公司出版）。在論文集方面，出版的有三種：一、是陳新雄、于大成主編，由木鐸出版社發行的《文心雕龍論文集》，書中結集的大多是民國三十八年以前的作品；二、是黃錦鋐先生編譯，由學海出版社發行的《文心雕龍論文集》，此書所輯偏重於日本學者的論著；三、是王更生編，經由育民出版社發行的《文心雕龍研究論文選粹》，內容共分八類三十八篇，所選論文遍及臺灣、大陸、香港、美國、韓國各地區，具有相當的代表性。在綜合研究方面：有王更生的《文心雕龍研究》，於六十五年（一九七六）三月由文史哲出版社發行，三年後，也就是六十八年（一九七九）五月又重修增訂，仍由文史哲出版社發行面世。同年王氏以范註文心雕龍出版既久，平心而論，不無可議之處，遂作《文心雕龍范註駁正》，由華正書局出版。六十六年（一九七七）三月，王氏又以文心體大思精，運詞艱深，更著《文心雕龍導讀》，以發揮推廣普及之效，造福讀者匪尠。

　　這是臺灣「文心雕龍學」研究，成果最輝煌，風氣最鼎盛的一段

蜜月時光，無論是單篇論文或專門著作，無不蓬勃發展，欣欣向榮。以上所列各著，不過是其中的極少部分，而這一極少部分，又多屬學院派的作品。

㈣晚期趨於平緩

民國七十年（一九八一）以後，屬於晚期。晚期「文心雕龍學」已邁入發展的高原，不但研究的熱度銳減，就是早先以研究文心而榮獲碩士、博士的青年才俊們，有的幾乎很多年都不發表同性質的論文，有的雖有論文發表，又大多不以「文心雕龍學」的研究為主流，甚或講授《文心雕龍》的學者，三、五年內也難得看到一篇像樣的論文公諸於世。所以從民國七十年算起到現在，在這八年不到的時刻裏，如果單從論文發表的數量上來評估，「初期」十一年有十一篇，「中期」十年已多達五十篇，「近期」十年則高達一百七十五篇，「晚期」差不多八年了，僅有五十九篇，這個成績還不及中期之半，從這個角度觀察，我們要說「文心雕龍學」的研究，已走到發展的高原，並不為過（更生案：此文所舉作品篇數與實際稍有出入）。今後如果不能突破此一瓶頸，恐怕便很難再有風光的時刻了。

臺灣由於經濟過度繁榮，近年更有財富迅速集中的現象，金錢使人腐化，所以一切學術活動無不受工商企業的影響而唯利是圖。雖然如此，仍不乏守先待後的人士，從事固本培元的播種工作。

從專門著作方面看，李曰剛先生的《文心雕龍斠詮》上下冊，共二五八〇頁，於民國七十一年（一九八二）五月由國立編譯館中華叢書編審委員會發行。書中對材料的選用，雖不無可議，但大體而言，尚可供學者參考。同年六月，臺北商專的龔菱著《文心雕龍研究》，文津出版社印行，此書較之三年前師範大學王更生的《重修增訂本文心雕龍研究》，雖非創新，但亦不無變化。七十三年（一九八四）三月，王更生委由文史哲出版社印行了他的《文心雕龍讀本》上下篇，

上篇四八八頁，下篇四四三頁，共九三一頁，爲初學入門或有意進修
的學子提供了研讀基礎。中興大學的王禮卿，疏通知遠，淹貫古今，
有《文心雕龍通解》之作，九二七頁，黎明文化公司出版。七十七年
（一九八八）三月，王更生又重修增訂了他在十年以前出版的《文心
雕龍導讀》，仍由華正書局發行，該書並由原來的九十八頁，增加到
一七一頁，幾乎是先前的一倍。書中附錄㈡有〈最近（一九七四──一
九八七）國內外研究文心雕龍概況〉一文，對「文心雕龍學」研究，
在世界百科全書中的地位，和在臺灣、在大陸、在日本、在韓國、在
歐美、在蘇俄最新研究實況，均有相當詳盡的報導。學者想要了解目
前「文心雕龍學」研究的走向，王氏的這本書當可做入門之階。其他
像王金凌的《文心雕龍文論術語析論》（民國七十年六月華正書局出版）、
方元珍的《文心雕龍與佛教關係之考辨》（民國七十六年三月文史哲出
版社發行），雖然學涉專門，但都能深入淺出，極具參考價值。至於
單篇性的論文，由於人多辭煩，在此恕不詳贅。

三、「文心雕龍學」研究的具體成就

臺灣近四十年對「文心雕龍學」研究的具體成就，大致可從兩方
面加以探討，一、形式，二、內容。從形式上看，可以得知研究的表
象；從內容上看，可以了解研究的特質。以下就先言形式，再論內容。

㈠在研究的形式方面：

臺灣學者對「文心雕龍學」的研究，如果把他們曾經發表的單篇
論文和專門著作加以統計後，立即可以發現在研究形式上，大別可以
分成三種不同的類型：即單篇性的研究、比較性的研究，和綜合性的
研究。

所謂「單篇研究」：蓋《文心雕龍》全書係合十卷五十篇而成。
明原一魁序兩京遺編時說：「陶冶萬彙，組織千秋，則翲亦六朝之高

品也。」可見《文心雕龍》的任何一篇，在中國文學中，涉及的都是一個專門課題，無論是理論、是方法，其牽涉的資料，無不具有相當的深度和廣度，極具研究價值。若干年來，在這方面發表過不少專精的作品，如李曰剛先生的〈原道篇題述〉、〈序志篇題述〉、〈論說篇題述〉、〈養氣篇題述〉、〈總術篇題述〉（各文見於民國七十年至七十二年中華文化復興月刊），〈頌讚篇斠詮〉、〈詔策篇斠詮〉、〈奏啓篇斠詮〉（各文見於六十五、六十六、六十七年師大國文學報）。王禮卿的〈詮賦篇析悋〉、〈頌讚、祝盟析悋〉、〈時序篇通釋〉（各文見於六十六、六十七、六十九年興大文史學報），廉永英的〈原道會箋〉、〈辨騷會箋〉、〈樂府會箋〉、〈祝盟會箋〉（各文見女師專學報），陳拱的〈神思篇疏釋〉、〈體性篇疏釋〉、〈聲律篇疏釋〉、〈養氣篇疏釋〉（各文見六十四、六十五、六十六年宇宙雜誌）。以上各單篇研究的作品，其標題儘管不同，但內容性質均偏重於校注。至於像王夢鷗的〈從辨騷篇看文心雕龍論文的重點〉（六十年五月中華文化復興月刊）、陳靡珠的〈文心雕龍樂府論研究〉（六十四年一月淡江學報）、王更生的〈文心雕龍史傳篇的考察〉（六十二年五月德明學報）、王讚源的〈文心雕龍知音篇探究〉（六十四年十二月中華文化復興月刊）、張淑香的〈由辨騷篇看文心雕龍論文的重點〉（六十年五月中華文化復興月刊），又是以不同的標題，從事單篇性研究的另一類型。「單篇研究」是「綜合研究」的基礎，尤其像《文心雕龍》這種經典之作，按理應該先作單篇研究，然後再集腋成裘，結合而成全面，但深感遺憾者，是從事校注的，已無餘力再鈎深窮高，作進一步推陳出新的工作，從事單篇研究的，又不一定總覽全書，從原典入手，然後再針對問題所在，去精理密會，提出足資借鏡的看法。所以老實說，有不少的作品，都呈現游談無根的現象。

　　所謂「比較研究」，是說《文心雕龍》體大慮周，籠罩群言，其

中某篇或某相關各篇，與文心前期、同期或晚期的作品，因爲性質相近，足資比較，故爲學者們所樂爲。這一類的論文如以《文心雕龍‧明詩》和鍾嶸《詩品》作比較研究的，有陳端端的〈劉勰鍾嶸論詩歧見析論〉（見六十一年五月私立輔仁大學中文研究所碩士論文）、馮吉權的《文心雕龍與詩品之詩論比較》（見七十年十一月臺北文史哲出版社印行），方介的〈文心、詩品論詩標準之比較〉（見七十二年一月中華文化復興月刊）。有拿劉勰對文章體裁的分類方式，和昭明文選的分體不同，作比較研究的，如：舒衷正的〈文心雕龍與蕭選分體之比較研究〉（見五十二年十二月出版之政大學報）、鄭蕤的〈試論文心雕龍與昭明文選在文學體類上的區別〉（見六十一年六月臺中光啓出版社印行之文心雕龍論文集）、齊益壽的〈文心雕龍與文選在選文定篇及評文標準上的比較〉（見七十年十二月古典文學）。又有拿文心雕龍和陸機文賦作比較研究的，如：鄭蕤的〈試論陸機的文賦與文心雕龍〉（見六十一年六月臺中光啓出版社印行的文心雕龍論文集）、齊益壽的〈劉勰的創作論與陸機文賦之比較〉（見七十一年六月中外文學）。還有拿《文心雕龍》和日本弘法大師的《文鏡秘府論》作比較研究的，如：黃錦鋐先生的〈空海的文鏡秘府論與文心雕龍的關係〉（見六十四年三月臺北鷔聲文物社出版的文心雕龍研究論文集）。就以上各文加以類推，可資參互較論的著作很多，如與《文心雕龍》時代相近的王充論衡、魏文帝典論論文、葛洪抱朴子、蕭繹金樓子、裴子野雕蟲論、顏之推家訓、王通中說、李諤論文體輕薄書、甚而稍後的如司空圖詩品、劉知幾史通、陳騤文則、李塗文章精義等，如果我們能以《文心雕龍》爲定點，將古今與其相關的文論專著，作一有計劃地系聯、比較、研究，從其大本大源處，找到彼此相似、相近、相同或相異之點，爲中國文學理論建立一套完整的體系，應該是不難的事。十分遺憾的是我們在這方面做的工夫太少，投下的關注也不成氣候。

　　所謂「綜合研究」，是作者根據《文心雕龍》全書五十篇的有機架構，從思想上、組織上、理論上，找到劉勰立說謀篇的本源，從而分門別類，運用現在系統分析的觀點，替他建立一套完整的理論體系，然後再透過此一理論體系，上考下求，旁推交通，使劉勰文心雕龍五十篇，先由合而分，再由分而合，所謂「整→零→整」的原則，經過統計、比較、歸納的手法，使文心雕龍能以嶄新的面貌，活躍於現代中國文學理論之林。更由於作品的深入淺出，很容易化艱澀為平易，達到古為今用的治學目的。這一類作品有專書、有單論。在專書方面如：張嚴的《文心雕龍通識》，雖然不是一部系統完具的作品，但作者能從「劉勰的文學觀」而談到「文心雕龍五十篇的編次」、「隱秀篇真偽」、「板本考」等十個不同的項目，當臺灣「文心雕龍學」研究起步不久之時，能有這種水平的著作，可以說是鳳毛麟角了。李中成的《文心雕龍析論》，是民國六〇年（一九七一）代初期的著作。書分十三章，三百五十七頁，在二七三頁前為理論部分，二七九頁後附文心原書。在理論部分李氏牽涉的方面極廣，觀念極新，可惜對文字運用的能力略差，不易令人接受。黃春貴的〈文心雕龍之創作論〉，和沈謙的〈文心雕龍批評論發微〉，張雁棠的〈文心雕龍之文學本原論〉、李再添的〈文心雕龍之文類論〉（黃文見六十二年五月師大國研所碩士論文，沈文見六十三年五月師大國研究所碩士論文，張文見五十九年三月中華文化復興月刊，李文見七十一年十月新埔工專學報），各從不同的角度，對文心雕龍的理論作深化的探索。同時也為《文心雕龍》綜合研究的走向，做出先驅的貢獻。六十五年（一九七六）三月王更生集結其歷年發表的論文，並參新酌舊，去蕪存菁，成《文心雕龍研究》（見臺北文史哲出版社文史叢刊），事後作者又以為該書內容不愜於心，三年後，也就是六十八年（一九七九）五月重修增訂，此次修訂，除書裏的板本書影，研究例略，序言仍然保留外，由緒論，而年譜，而板本考，而

文心雕龍之美學、史學、子學、文原論、文體論、文術論、文評論，然後結論，可以說從「文心雕龍研究的回顧與前瞻」，到「文心雕龍在中國文學史上的地位」，凡當前亟待探討的問題，固不能說應有盡有，但重要的課題已經大致具備。何況本書對問題的處理和寫作的態度，都預存極大的伸縮性，來日如能擴而充之，定有很多活動的餘地和發展。

　　在單論方面，如王夢鷗的〈劉勰宗經六義試詮〉（五十九年九月政大中華學苑）、鄭明娳的〈劉勰的宗經論〉（六十一年六月中華文化復興月刊）、周弘然的〈文心雕龍的宗經論〉（六十四年九月大陸雜誌）。以上三篇論文，都是從劉勰的宗經觀點出發，以卷一的「原道、徵聖、宗經、正緯、辨騷」五篇爲中心，探索劉勰的文學思想。徐復觀的〈文心雕龍的文體論〉（四十八年六月東海學報，又見學生書局出版的中國文學論集）周弘然的〈文心雕龍的文體論〉（六十五年十二月大陸雜誌）、彭慶環的〈文心雕龍的文體論〉（七十年十一月逢甲學報）。以上三篇論文大致是根據文心雕龍卷二到卷五，這二十篇專論文體的作品，作廣泛而深入的探究，期能求得劉勰在文體方面立說的眞象。創作論又稱文術論，這方面綜合性研究的論文不多，勉強可以列入的如廖蔚卿的〈劉勰的創作論〉（四十三年十二月臺大文史哲學報）、周弘然的〈文心雕龍的文術論〉（六十五年五月幼獅學誌）、黃忠慎的〈文心雕龍的文質並重理論〉（六十八年三月十四、十五臺灣日報）。廖氏的大作以後收入臺北聯經出版社發行的《六朝文論》，黃忠慎論劉勰的文術，集中於他的「文質並重」，稍嫌偏狹；蓋「文質並重」固然是劉勰創作論的重點，但只是他的重點之一，嚴格地說起來，黃文還不夠全面。

㈡在研究的內容方面

　　臺灣學者大多循著兩個方向發展，一、是劉勰本身的史傳，二、是《文心雕龍》全書。此外在資料的彙整方面，臺灣學者也作了不少

努力。至於對某種單一性的主題類似神思、風格、風骨、定勢等作深化的探索，雖然也有人從事，但限於地狹人少，從未引起過熾烈的討論。術語方面的研究大有人在，不過術語研究是「文心雕龍學」的紮根工作，非淺嘗輒止者可辦，所以直到目前，還看不到接近理想的論文。以下根據上述再作進一步的觀察。

在資料彙整方面：臺灣學者很早就注意到資料的彙整問題，以為學術研究必須以完備的資料作後盾，才有可能推陳出新。民國五十九年（一九七〇）十一月，由黃錦鋐先生主編，經淡江文理學院中文研究室發行了第一本《文心雕龍研究論文集》，集中選錄了該校中文系八位教授的作品。如施淑女的〈玄學與神思〉，韓耀隆的〈文心雕龍五十篇贊語用韻考〉，黃錦鋐的〈空海的文鏡秘府論與文心雕龍的關係〉，王仁鈞的〈文心雕龍用易考〉，胡傳安的〈文心雕龍論詩〉，傅錫壬的〈劉勰對辭賦作家及其作品的觀點〉，王甦的〈文心雕龍的文學審美〉，唐亦璋的〈從文心雕龍看傳統與文學創作的關係〉，當時由於黃氏的主持和推動，將八篇論文集結推出，給寂寞的學壇帶來了一付興奮劑；以後黃氏返師範大學任教，而這幾位早期從事研究《文心雕龍》的學者們，便很少再發表性質與文心相近的作品了。六十四年（一九七五）十二月，由陳新雄、于大成主編，經木鐸出版社發行的《文心雕龍論文集》，這本集子專門搜集早期發表而居今難見的資料，如劉節的〈劉勰評傳〉，李笠的〈讀文心雕龍講疏〉，陳延傑的〈讀文心雕龍〉，陳準的〈顧黃合校文心雕龍序〉，趙萬里的〈唐寫本文心雕龍殘卷校記〉，李詳的〈文心雕龍黃注補正〉，闌珊的〈讀中大藏明本文心雕龍〉，絕大部分都是民國十五年至三十八年之間的作品，像國粹學報、東方雜誌、國學月報等，在一般人不容易看到的情況下，這本論文集適時出版，給「文心雕龍學」的研究帶來不少幫助。民國六十八年（一九七九）一月，學海出版社印行了黃錦鋐先

生編譯的另一種《文心雕龍論文集》，書中一共選輯了三篇文章，其中有一篇就是黃氏在淡江文理學院寫的〈空海的文鏡秘府論與文心雕龍的關係〉，另兩篇是楊明照的〈文心雕龍范注舉正〉和日人斯波六郎的〈文心雕龍范注補正〉。六十九年（一九八○）九月，師範大學王更生編纂，由育民出版社發行了一部〈文心雕龍研究論文選粹〉，根據該書序例，知道本選粹自民國五十八年開始蒐集，至六十八年夏定稿付梓，其間十越寒暑，從二十六種不同的雜誌和學報中，選錄了三十八篇論文，三十五位作者，五個不同的地區。據說王氏正擬出版續編，以容納六十九年（一九八○）以後各方面研究《文心雕龍》的代表作。嗚呼！時光荏苒，十載忽焉已過，相信這一部續編的內容，較之前書更具有代表性和全面性。

在劉勰史傳方面：劉勰史傳在梁書劉勰傳和南史劉勰傳裏記載簡略，有人想爬梳叢殘，整紛理蠹，替他編年製譜，但關於其世系、家世、生卒、行誼等，直到今天還半屬臆測。臺灣學者在這方面的研究成果，計有王更生的〈梁劉彥和年譜稿〉（見六十二年四月師大國文學報），以後經過他重新增刪後，收入了六十八年出版的〈重修增訂文心雕龍研究〉第二章，並改名為〈梁劉彥和先生年譜〉。本文大致分譜前、年譜、譜後三部分。譜前為東莞劉氏世系之考訂，年譜為譜主劉勰之生平行誼，譜後為劉勰史傳及後人研考文字的節錄。本文最特殊之點有二：一、是將劉勰生年推定為宋孝武帝大明八年（四六四），與范文瀾、華仲麐先生、張嚴、王金凌、譚家定、黃公偉和日本學者興膳宏之說，互有同異。二、是不採楊明照〈梁書劉勰傳箋注〉，和李慶甲〈劉勰卒年考〉二家的新說。以為他們〈用後說推證前論〉，不僅危險，且犯了不考之過。和王譜幾乎同時發表的是輔仁大學王金凌的〈劉勰年譜〉，他將劉勰生年延到宋明帝泰始元年（四六五），其他多與王譜無大出入。只是劉勰在普通三年（五二二）五十八歲辭世

後，作者附列了很多和劉勰年譜無關的資料，似非譜牒的常規，應當全部刪去。民國七十一年（一九八二）九月和七十二年（一九八三）三月，李日剛先生在中華文化復興月刊發表〈梁劉勰世系年譜〉，以後這篇文章收入他的《文心雕龍斠詮》下冊，李譜大量運用楊明照於一九七八年新作〈梁書劉勰傳箋注〉將劉勰生年延至宋明帝泰始六年（四七〇），卒年又延到梁武帝大同五年（五三九）。至於劉彥和世系部分，其內容資料全部和王譜雷同，這種情形諒非巧合。

在注釋校勘方面：《文心雕龍》以五十篇三萬七千多字涵蓋了劉勰以前二千年左右的文學理論資料，這種納須彌於芥子的法力，如果文不精深，詞不典奧，根本是無法做到的。所以自北宋辛處信作《文心雕龍注》後，歷代學者或校或注，頗不乏人。臺灣「文心雕龍學」的研究者堅信完善的校注是通往《文心》的捷徑，於是在民國五十七年（一九六八）——正當臺灣「文心雕龍學」起步的時候，李景溁出版了他的《文心雕龍新解》。此書是當年四月份初版，十一月再版，前後不到半年時光，初版就搶購一空，可見當時受學術界歡迎的程度。我在〈近六十年來《文心雕龍》研究概觀〉（見六十三年三月中華文化復興月刊七卷三期）一文中曾說：「雖然《文心雕龍新解》在校勘、譯白、注釋各方面需要討論商量的地方很多，但在文心雕龍的普及性著述萬分缺乏的情形下，本書總算給這個蕭索的園地，平添了一段勝景。」幾乎是和李著《文心雕龍新解》同時，政治大學張立齋，經由正中書局發行了他的《文心雕龍註訂》。他自以為這本書可「正諸本之失，與補其所未備」。六十三年（一九七四）張氏又在正中書局發行了他的第二本研究專者——《文心雕龍考異》。據作者自稱：「此稿始於編註訂時，原僅據嘉靖及坊間黃本，客夏再度來美，所獲善本不一，乃勉為完稿。」當時作者因年屆七十，精力多感不足，書中無論是原書正文或作者校語，文字錯誤百出，難可指數。王叔岷於六十四年（

一九七五）由藝文印書館出版了他的《文心雕龍綴補》一書。王氏畢生從事校勘，其疏通古籍之成就早已蜚聲遐邇，不容後學雌黃，惟校勘文心固在講明出處，辨章眞僞，但劉勰行文運思之精義，尤當預作某種程度的了解，然後再由整體看部分，方不至於犯了「小學大遺」之病。師範大學李曰剛先生，集二十年教學心得，目校手鈔，苦心經營，成《文心雕龍斠詮》上下冊二千五百多頁，洋洋一百八十萬言，眞是《文心雕龍》校譯的巨觀。本書雖然雜鈔古今，以多取勝，但在叢脞之中，讀者如能去其繁蕪，取其菁醇，定有意外收穫的。王更生的《文心雕龍讀本》是七十四年（一九八五）三月經文史哲出版社印行的，這是繼大陸周振甫《文心雕龍注釋》、李曰剛先生《文心雕龍斠詮》，以及日本戶田浩曉《文心雕龍譯註》後的一本新作。王氏博採他們的優點，尤其周振甫《文心雕龍注釋》中的「評」和「說明」兩部分，李曰剛先生《斠詮》中的「直解」，王氏均作了適當吸收。他在序言中說：「承前哲今賢之輝光，朋儕故舊之切磋，殫思竭慮，成此一部文心雕龍讀本上下篇。」這大致是持平之論。較王氏晚半年，由黎明文化公司出版了王禮卿著的《文心雕龍通解》上下冊，九百多頁。此書除序言、提要外，正文以下，各篇首釋題義，次篇旨，又次節次，前後呼應，上下一體，頗有過人的識解。且行文簡要，深契辭成辯立之義。唯長江大河，亦不無俱下的泥沙，譬如作者惑於范文瀾的新奇，認爲「彥和爲文蓋採釋書法式爲之」，忽視了學貴有徵，無微不信的原則，作者又明列黃叔琳「輯注」爲釋義的依據，捐一切後起新疏於不顧，雖謙言「不作博異之矜炫」，然其厚古薄今的態度，嚴重違犯了劉勰所謂「貴古賤今」的大忌。

　　在基本原理方面：所謂「基本原理」，是指劉勰的文學思想，又稱「文原論」，「龍無頭不行」，這一部分正是「龍學」的大頭腦、大關鍵，千萬不可等閒視之。《文心雕龍》卷一包括原道、徵聖、宗

經、正緯、辨騷五篇，顧名思義，好像在談五個不同的問題，而實際上是以「宗經」為主軸，然後上推文學的本原來自自然，所謂「道沿聖以垂文，聖因文而明道。」繼言中國文學必以經典為宗祖。所謂「論文必徵於聖，窺聖必宗於經。」又次言經正緯奇，緯書「無益經典，有助文章」。最後辨屈宋騷賦是「雅頌之博徒，而詞賦之英傑」。原道、徵聖兩篇之作在宗經，正緯、辨騷兩篇之作，其目的更是宗經。所以我說卷一的五篇，看似談五個問題，實際上只有一個，那就是「宗經」，如果研究《文心雕龍》不能理會此等關鍵所在，則劉勰從事著述和散見全書的性情、精神，將如鏡花水月，一切都化為泡影了。換一個層面來看，從文學的角度說，它是中國文學的本原，從劉勰的角度說，它是作者的文學思想。所以我們可以這樣說，劉勰不是一般人所謂單純的文學理論家，而是中國的文學思想家。根據以上的詮釋，再來觀察臺灣「文心雕龍學」界，四十年在這方面發表的論著，計其重要者有張雁棠的〈文心雕龍之文學本原論〉。（見五十九年三月中華文化復興月刊）、莊雅洲的〈劉勰的文原論〉（見五十九年十二月師大文風雜誌）、周弘然的〈文心雕龍的宗經論〉（見六十四年九月大陸雜誌）、華仲麐〈宗經徵聖與劉勰〉（見六十年七月孔孟月刊）、鄭明娳的〈劉勰的宗經論〉（見六十一年九月中華文化復興月刊）、王更生的〈徵聖宗經的文學論〉（見七十年七月孔孟月刊）。其中最具條理的是張雁棠的作品，這篇文章從文原論的歷史背景，講到道原自然，文原於道；徵聖立言，則文有師；經體廣大，尊經為本；緯說詭誕，酌采質文；接軌風詩，騷體始變。文末引梁繩褘和紀昀兩家之說作結，以為「劉氏的文原論，乃其文學觀的基礎，確為樞紐所在，誠實重要」作結。讀了張氏的大作，發覺他對文心這五篇的整體關係，尚未能充分掌握，作進一步的研究，可說是只見其分，未見其合，是其立論的一失。

在文章體類方面：《文心雕龍》卷二到卷五的二十篇，的確是文

體分類的重點所在。我們如果單從文學理論方面看，它是「中國的文學體裁論」，如從作者本身來說，那又何嘗不可以說是「劉勰的文體分類學」呢！二十篇幾乎是《文心雕龍》全書的二分之一，可見劉勰對這一部分重視的程度爲如何了。研究劉勰的文章分類，至少有以下幾個重點必須掌握。首先要注意劉勰文章分類產生的背景，其次是劉勰文章分類的範疇與內容，三、是劉勰文章分類的基本原則，四、是劉勰在文章分類上的創見，五、不容忽視的是劉勰的文章分類在文心雕龍中的地位，最後，更要進一步探究劉勰文章分類的現代價值。以這樣的幾個重點來反顧臺灣四十年來「文心雕龍學」研究的成果，老實說，在這方面還提不出比較成熟的論文。早期徐復觀以深厚的西方文學修養，默察《文心雕龍》的精蘊，以爲「文心雕龍」即我國的文體論，於是著〈文心雕龍的文體論〉（見四十八年六月東海大學學報，又學生書局中國文學論集一至八十三頁），其目的在使讀者能進窺古今文學發展之跡，通中西文學理論之郵，爲建立中國文體論作一奠基嘗試。徐氏雖然能見其遠，能見其大，但事實上他卻犯了「以今臆古」和「好奇反經」的毛病。要知道西方學術重分析，中國學術重綜合，不同的文化體系，自有不同的學術上的術語，不必強求其同。所謂唐宋以來「文體」與「文類」混而不分，固是一弊，但如果是合既無害，那麼分又何益乎？稱《文心雕龍》全書爲「文體論」可，稱〈明詩〉以下，至〈書記〉爲「文體論」亦無不可。不必只在術語上大做文章，不然，爲正其名，而遺其實，是很不值得的。民國七十一年（一九八二）十月，新埔工專學報刊出了李再添的〈文心雕龍之文類論〉，內容分爲緒論、本論、結論三部，緒論言劉勰著述文心雕龍的背景及文論體系，本論首先釐清文類與文體之界義，然後分析文類論之基本架構，並依其名義、體性、流別、義用加以敍述。最後在結論方面，作者又就劉勰文類論的學術成就詳加說明，這是一篇相當完整而統合有成的學術論

文。惟作者於第四章第三節「文類與文體界線之釐清」中，大部分引用徐復觀的說法，來樹立自己的理論。其實讀古人書應還原到古人的立場，始可免除古人所難，以自己為是之病。例如體式、體例、體制、體性、體指、體統、體勢、體製、體要、體物、體貌、體國等，把劉勰在《文心雕龍》中常用的這些詞彙，從詞源上、詞性上、詞義上加以分析，或引申、或假借，旁推交通，索求其真正意義時，往往讓人有模稜兩可之感。所以古今講文體論的人很多，有此識解的卻少。

　　在創作方法方面：尚書偽畢命篇：「政貴有恆，辭尚體要，不惟好異。」論語憲問：「為命，裨諶草創之，世叔討論之，行人子羽修飾之，東里子產潤色之。」綜觀所謂「體要」、「草創」、「討論」、「修飾」、「潤色」，指的正是創作方法。以後西晉陸機作文賦，對創作方法更有系統性的歸納，至劉勰《文心雕龍》出，籠罩群言，組織千秋，以將近二十個篇幅，為創作方法擬定了具體可行的規範，並謂「文場筆苑，有術有門。」又說：「思無定契，理有恆存。」「不截盤根，無以驗利器，不剖奧，無以驗通才，才之能通，必資曉術。」十分強調作法的重要。這二十篇有通論、有細目、有前言，所謂「剖情析采，籠圈條貫」者，正係指此。臺灣學者在闡揚劉勰創作理論方面，有通論全面的，如廖蔚卿的〈劉勰的創作論〉（見四十三年十二月臺大文史哲學報），周弘然的〈文心雕龍的文術論〉（見六十五年五月幼獅學誌），王更生的〈劉彥和文學創作之理論體系與實踐〉（見六十八年六月師大國文學報）；有分論細目的，如論神思，有黃春貴的〈文心雕龍之想像論〉（見六十三年四月中華文化復興月刊），施淑女的〈玄學與神思〉（見六十四年三月驚聲文物出版社出版的文心雕龍研究論文集），曾一慈的〈文心雕龍神思論〉（見六十四年四月臺北商專學報）。論體性的計有鄭蕤的〈文心雕龍性篇中的八體〉（見六十年六月臺中師專學報），羅聯添的〈文心雕龍體性篇釋義〉（見六十九年五月建設）。論

風骨的計有黃振民的〈劉勰風骨論發微〉（見四十九年六月學粹），王
更生的〈文心雕龍風骨論〉（見六十年十一月中山學術文化集刊），徐
復觀的〈中國文學中氣的問題──文心雕龍風骨篇疏補〉（見五十五
年三月中國文學論集），論通變的計有沈謙的〈文心雕龍之通變論〉（
見六十九年九月中興大學文史學報），有專門討論聲律的，如王更生的
〈文心雕龍聲律論〉（見五十八年十一月中山學術文化集刊），論麗辭的
有杜若的〈文心雕龍的修辭論〉（見六十八年五至六月台肥月刊），論
練字的有徐麗霞的〈文心雕龍練字篇之修辭學考察〉（見六十六年八
至九月鵝湖月刊），論養氣的有王金凌的〈論文心雕龍的氣〉（見六十
八年十二月中外文學），論總術的有李曰剛先生的〈文心雕龍創作論總
術探微〉（見七十三年五月師大教學與研究）。總計上述，共錄通論創
作的三篇，分論細目的十四篇。其他屬於疏解、試釋、疏釋、題述、
通釋、疏補、釋義、箋證、譯注等，純粹校釋類作品，一概省略。至
於提出一個獨立的命題如「風骨問題」、「定勢問題」、「風格問題」，
甚而「隱秀篇眞僞問題」、「物色篇歸屬問題」、「指瑕篇屬性問題」、
「內容與形式孰重問題」，作專門性的討論，並因公開討論而引發爭
議，由爭議而發表論文，互切互磋，以求攻錯的現象，在臺灣從來沒
有發生過。現在特別要提的，是黃春貴的〈文心雕龍之創作論〉，這
是在李曰剛先生指導下，於六十二年五月獲得碩士的一篇學位論文，
後經文史哲出版社於六十七年四月正式發行，書前王更生序，曾對本
書提出客觀的評論。他說：「由於在文心雕龍創作論極端難寫的情況
下，他竟能淹貫古今中外的學理，印證劉彥和一千五百年前的文學心
路，這種大膽的嘗試，我當然願意替他介紹給同道諸君。希望今後由
此一研究方法的轉變，能使文心雕龍的文論境界，邁向一個理想的高
峯。至於本文在行文時，對文心雕龍原文的失校，成說的誤引，以及
引文時，間或不明出處，尤其作者以『文心雕龍之創作論』爲標目，

而未將文心創作論二十篇前後的布局安排，照應聯絡的關係，在緒論中加以詮釋。又緒論中，列序志篇入文評論，皆屬白璧微玷。不過以黃君的謙沖治學，和既往的努力所得而言，相信這些均屬無心之過，對論文本身的價值，是毫無貶損的。」又陳坤祥的〈文心雕龍指瑕之研究〉，是潘重規先生指導，於民國六十九年六月在文化大學獲得學位的碩士論文。劉榮傑的《文心雕龍譬喻研究》，係七十六年十一月由前衛出版社發行，論其性質，皆應歸屬創作論的範圍。兩文均內容平淡，缺乏創意。

　　在文學批評方面：劉勰將文學批評置於創作論之後，是寓有深意的。所謂「崇替於時序，褒貶於才略，怊悵於知音，耿介於程器」，講的就是這一部分。但是以今本文心雕龍觀之，〈時序〉在〈總術〉篇之前，〈物色〉又置於〈總術〉篇之後，所以民國以來的學者，多疑後人傳鈔錯亂，〈物色〉應與〈時序〉對調，分別回歸創作論和文評論的原來建置，如此則〈序志〉篇所謂的〈崇替、褒貶、怊悵、耿介〉始條理粲然，無前後紊亂之弊。然而遍檢現存的元至正乙未（一三五五）嘉禾本文心雕龍，明弘治甲子（一五〇四）吳門本文心雕龍，不見有與今本不合的迹象，所以關於〈時序〉、〈物色〉二篇是否如某些學者所疑，恐怕還未可肯定。現在就拿時序、才略、知音、程器四篇而言，觀其內容，多屬文學的外延問題。如〈時序〉言文學與時代背景的關係，〈才略〉言文學與才能識略的關係，〈知音〉言文學與讀者鑑賞的關係，〈程器〉言文學與道德修養的關係。從時代背景而作家才略，而讀者鑑賞，而道德修為，在距今一千五百年左右，劉勰就注意到了這四大要件和文學批評的關係，較之現代文學批評方法的詳備，固不可同日而語，但對中國文學批評的開創之功，是不可磨滅的。更何況這四篇體大思精，包羅萬象，臺灣研究文心雕龍的文學批評，而又有這方面論文發表的，顯得相當冷落。揀其中較為重要的作

品，如通論方面：杜松柏的〈劉勰的文學批評論〉（見五十九年四月中央日報九版），陳慧樺的〈從中西觀點看劉勰的批評論〉（見六十三年七月幼獅月刊）分論各篇的計有唐亦男的〈劉勰論文學與時代的關係〉（見四十四年十月文字月刊），賴明德的〈文心雕龍時序研究〉（見六十一年六月師大國文學報），沈謙的〈程器與才略——劉勰之作家論〉（見六十九年十二月孔孟月刊），王讚源的〈文心雕龍知音篇探究〉（見六十年十二月中華文化復興月刊），田鳳臺的〈劉勰知音篇之研究〉（見六十三年六月東方雜誌）。此外，沈謙在民國六十三年（一九七四）六月，由周何教授指導，獲得碩士的學位論文〈文心雕龍批評論發微〉，六十六年五月又由聯經出版公司正式排印問世。書前有周何序、王更生序，和作者自序。王序對本書曾有所評價，他說：「沈謙君的文心雕龍批評論發微，可說是前所未有。本書的布局，除開書前作者的自序外，共分五章十一節，第一章緒論，第二章批評原理，第三章批評方法，第四章批評實例，第五章結論，末附重要參考書目七十八種。全書一百五十五面，約八萬言。」又說：「通觀全書，由彥和的生平傳略，而批評原理，批評方法與批評實例。四則之中，又以批評方法爲統攝諸章的核心，沈君將文心雕龍的文學批評，用分析、比較、歸納的手法，條述大凡，列舉門類，令愛好文學批評的讀者，有一卷在手，萬事畢羅之快。尤其是批評方法一節，羅列了英人聖次白雷，和李辰冬先生二家所謂之『文學批評』方法三十五種，並認爲凡重要者，皆爲文心雕龍所囊括。這雖然不是千秋定論，要亦由此可以看出沈君變通適會的匠心。爲以後言中國文學理論者，創發以國族文化爲背景的新機運。」

　　四十年來，臺灣學者對《文心雕龍》研究的具體成果已介紹如上。此外有一種雖不屬於《文心雕龍》本身，但卻與研究「文心雕龍」有密切關係的著作，那就是「導讀」類的作品。作這種普及工作的專著

不多，祇有王更生鍥而不舍，從事這方面的努力。民國六十五年（一
九七六）四月，學粹雜誌發表了他第一個短篇〈如何研讀文心雕龍〉，六
十六年三月，又由華正書局以打字排印，出版了他的《文心雕龍導讀》。
全書除自序外，連同附錄共九十八面，約六萬言。到今年（七十七），去
該書初版已相隔十載，作者又在本年三月重修增訂，並改以鉛字排印，精
裝燙金的版面，仍交由華正書局發行。全書除作者原序和〈重修增訂
板文心雕龍導讀序〉外，共一百七十一個版面，字數也擴增到九萬字。作
者序中說：「在篇目方面，由原來的十章增爲十三章；內容方面，增
加了『文心雕龍行文之美』和『研讀文心雕龍預修科目的商榷』；附
錄方面，新增『最近國內外研究文心雕龍概況』；文字方面，凡措辭
直率，行文不妥的地方，亦經過再三斟酌，而予以合理的訂正。」王
氏還自以爲在新增修的本子裏，有很多看法是今日之我，突破了昨日
之我，有異乎從前的新發現。他對學術研究的熱忱，和勇於自我檢討
改進的精神，在這個上下交征利的社會裏，很值得我們在此一提。

四、「文心雕龍學」研究的展望

　　從「文心雕龍學」的成長過程，及其具體的成就，來展望將來的
發展，我們雖然處在研究高原而出現平緩的現象，但只要抱持信心，
鍥而不捨，必能繼近期（一九七一至一九八〇）的輝煌成就更上層樓。今
後我們的做法，最好在思想觀念、研究內容、科際整合、人才培育、
組織計劃、資料搜集等六方面徹底檢討改進，則山窮水盡之時，又何
嘗不是柳暗花明之日呢。以下就此六端加以說明。

㈠培養正確觀念

　　一部震古鑠今的名著，必爲作者思想情感之昇華，世界上也祇有
眞思想、眞感情寫成的作品，才能蜚聲千古。過去孔夫子閔王道之缺，傷
斯文之墜，上無英明之君，下不得任用，故垂空文以見於世，當一王

之法，試問當此之時，他是何等思想？西漢太史公司馬遷，遭李陵之
禍，身毀不用，思賢聖發憤之所爲作，於是上始軒轅，下迄天漢，作
《史記》一百三十篇，五十二萬多言，當此之時，試問他又是何等思
想？劉勰身丁辭人愛奇，言貴浮詭的六朝，眼看去聖久遠，文體解散，而
一般論文之作，如魏文典論、陳思序書、應瑒文論、陸機文賦、仲治
流別、宏範翰林，又未能振葉尋根，觀瀾索源，不述先哲之誥，無益
後生之慮，於是和墨論文，著《文心雕龍》。試問當此之時，劉勰的
思想抱負又是如何？清朝紀昀等纂《四庫全書總目提要》，列《文心
雕龍》入詩文評類，近代討文之士，便以爲劉勰是文學批評家，《文
心雕龍》是文學批評的專著，其實細玩〈序志〉篇劉勰自言：「敷讚
聖旨，莫若注經，而馬鄭諸儒，宏之已精，就有深解，未足立家」的
語意，和同篇讚語中所說的「文果載心，余心有寄」的說法，再加《
文心雕龍》全書前二十五篇爲體，後二十四篇爲用，序志是駕馭全書
的樞紐，宗經爲五十篇的重心，可說是有本有源、有體有用，有理論、有
方法，整個的架構，充分說明了這是一部血淚交織，眞情實性的著作。其
完美無玷的體系，可說是振衣挈領，由此觀之，如果說《文心雕龍》
是中國文學批評的專著，劉勰是中國文學批評專家，我覺得不僅不了
解劉勰和文心雕龍，更低估了劉勰和文心雕龍的身價。

　　我嘗說中國的先秦諸子分別從政治、法律、經濟、社會、教育、
軍事各方面著書立說，馳騁當世，企圖達成他們救亡圖存的理想；而
劉勰當「文章匿而采」的六朝，不作遍注群經的工作，竟然和墨論文，闡
揚詩書隱約之思，聖賢發憤之意，想從文學方面，紓解天下之困。所
謂：「標心萬古之上，送懷千載之下」，劉勰應該是中國的文學思想
家，《文心雕龍》更是中國文學思想上的專門著作。我們具備了這個
思想觀念，再來研究《文心雕龍》時，才眞正能以心觀心，體會出劉
勰爲文用心的精義。他說：「君子處世，樹德建言，豈好辯哉，不得

已也。」正是他自己的注腳！

㈡充實研究內容

任何學術研究，想要博得重視，充實研究內容，總是首要之務。像《文心雕龍》這種陶冶萬彙，組織千秋的鉅著，真所謂「辭約而旨豐，事近而喻遠」，從縱的角度看，他對傳統文論的繼承，當代文壇的導引，後世文運的開拓，看法極持平，態度極客觀，用心極深遠；從橫的角度看，無論是作家、作品、體裁、史實、典故，凡古今有關文學理論的資料，可資取法的，均一網打盡，略無遺珠，然後再分類歸納，由點成線，由線成面，由面成體，所謂「位理定名，彰乎大衍之數」，成就了這部籠照群言的偉業。再加劉勰本身學深養到，運用六朝通行的麗辭，表達他的文論思想，真是汪洋恣肆，浩浩若千頃波，有取之不盡，用之不竭的內涵。所以《文心雕龍》值得研究的層面，無論是其本文，或本文以外的意旨，都可以拿來作獨立而有系統的研究。

綜計臺灣研究「文心雕龍學」的成果，其間最通行的不外乎作者和《文心雕龍》本書兩大範疇，在此兩大範疇中，作者方面，又集中研究其生卒年月和成書時間兩個命題。在《文心雕龍》方面，重點大致放在文原論、文體論、文術論和文評論四個論點上，而其中又以文術論一枝獨秀。其實就《文心雕龍》本書而言，劉勰先設文原論，再設文體論，然後有文術論和文評論，他這種組織結構的文學心路，很值得後人去探討。更何況文原論以〈宗經〉居首，文體論「文」「筆」兩分，兩分之中，各篇的先後順序，如「文」類的〈諧讔〉置於〈雜文〉之後，「筆」類的〈史傳〉〈諸子〉卻放在〈論說〉之前，此中道理頗耐尋味。至於文術論中的前五篇顯然和後面各篇性質不同，而後面各篇中的〈指瑕〉，其性質究竟作何歸屬？〈總術〉篇的內容在綜論文術，卻殿於文術論之末。意義何在？文評論中的〈時序〉、〈才略〉與〈程器〉更是乏人問津的三篇論文。講到劉勰的文學批評，〈知音〉篇

大多耳熟能詳，其實〈時序〉篇的時代與文風，〈才略〉篇的作家與作品，〈程器〉篇的器識與修爲，在文學批評上都有舉足輕重的地位，但是眞正研究而又有論著發表的，卻寥若晨星。此外若劉勰常用的專門術語，樹立的經學思想，對作家的看法，以及他借用傳統樂論、書論、畫論、史論爲依據，來張皇文學理論的地方，只要展卷以觀，幾乎所在多有，這些更是我們研究文心的用力之處。因此，我們不談充實「文心雕龍學」的研究內容則已，否則，類似上述各點，都應當全力以赴。

㈢加強學科聯繫

　　《文心雕龍》是中國傳統文學理論中的聚光點。過去在中西交通未開，或既開而接觸尙不夠頻繁之際，研究《文心雕龍》的學者們，只把全副精神投入於校勘、板本、注釋，就已經是竭盡畢生精力，有大功於劉勰了。可是民國開元（一九一一）後，中西文化交流發生劇烈變化，治學方法亦日趨更新，就拿民國八年（一九一九）前後北京文化學社印行的黃季剛《文心雕龍札記》來說，較諸乾嘉諸老的考據方式，在方法上、體例上、觀點上，已有顯著的差異。十四年（一九二五）天津新懋印書館發行的范文瀾《文心雕龍講疏》（民國二十五年〔一九三六〕，上海開明書店改爲文心雕龍注），雖以考據校勘爲主，但他的旁徵博引，鎔故鑄新的精神，在《文心雕龍》的注釋上，的確開了一個新紀元。尤其從范氏注釋中，讓我們發現《文心雕龍》就像一座沉埋的金礦，其藏量的豐富，範圍的廣闊，質地的精醇，需要我們探討的層面非常之多。經學是中國文學之源，和《文心雕龍》關係之密切自不待言，其他就是子學、史學、文學，以及中文系或外文系開設的相關科目，如修辭學、文法學、語言學、中國文學史、書畫史、文藝心理學，和西方文學批評、比較文學論、藝術論、中西美學等，都應做適度的擷取，以便相互生發。使「文心雕龍學」研究，在多種工具學科的媒介下，更能拓展領域，爲中國文學理論走出一條鮮活的坦

途。

㈣培養接棒人才

從事學術研究，就像長江大河的滾滾東流，其間不但有主流，也有旁支，不但有美麗的浪花，也有澎湃的激湍。「長江後浪催前浪，一代新人換舊人」，每位不世出的英雄豪傑，學者專家，儘管他叱咤風雲，不可一世，最後仍然會走向人生的終點，爲自己的一切畫上休止符。回首臺灣《文心雕龍》學壇，在成果輝煌的六十年代，若臺南成功大學的張嚴，師範大學的李曰剛先生，政治大學的張立齋，東海大學的徐復觀，都在時間之流裏先後凋謝了，至於本文中所提到的其他前輩學者，差不多也都邁入耄耋之年，就連作者本人也隨著時光的流逝，已是桑榆暮景，花甲初度了。因此，我們對於下一代的接棒人選，要作未雨綢繆之計。

臺灣受到功利主義的影響，一切均講求速成。譬如升學有速成班，吃飯有速食店，因此，在大學或研究所讀書的學生，也喜歡選修一些輕易過關，甚或不太吃力的科目，類似經典方面或比較吃力的課程，像《文心雕龍》這種具有深廣度的專門著作，眞正從內心發出喜悅，並鍥而不捨的學生，實在是鳳毛麟角，碩士或博士班的研究生，以《文心雕龍》爲專業主題，下決心去深入研究的，也許百中有一。在這個金錢使人腐化，學術青黃不接的時刻，人才的斷層必須設法彌補，才能使「文心雕龍學」的研究再創高峯。

㈤成立專門組織

禮記學記云：「獨學而無友，則孤陋而寡聞。」治學要想避免孤陋之病，必須「就有道而正焉。」更何況現在是個崇尙團隊精神的時代，一盤沒有組織的散沙，便很難希望有什麼具體成就。學術研究固然需要個人的孜孜矻矻，勤勉不息，但如何來結合志同道合的人，爲共同的理想努力，使零散無緒的研究，作有計劃的分配，某種專業性

的問題，作有計劃的指導，人才的發掘與鼓勵，作適時的培植，這一切均有賴於組織的領導，和周詳的計劃。但是臺灣對「文心雕龍學」研究垂四十年，從來沒有一個類似的組織來團結學者。年長的先進們抱著多一事不如少一事的觀念，自不願多惹是非；目前正在從事研究的，又因自顧不暇，更不想俗務纏身。所以「文心雕龍學」的研究，就在這種毫無組織的情況下，像散兵游勇似的單獨作戰了。

　　臺灣四十年來，無論是社會、政治、經濟、教育、學術文化，都有和過去迥然不同的變化。目前臺灣就像一座龐大的超級市場，一切都掛上商業的標籤，學術研究也十分講求現實、通俗，甚或流行。在這功利至上，現實第一的時代，最好成立一個屬於自己的組織，有了正式的組織，無論是對外的學術交流，對內的意見溝通，人才的培育，論文的發表，才有前進的橋樑，活動的空間。但當前的問題，是誰來點染這巨龍之睛，讓它放射萬道霞光，來照耀文學理論的世界，而不受任何功利主義的影響呢？

㈥搜集相關資料

　　作品的內容，固然決定於作者主觀意識，但配合主觀意識所需要的材料也很重要，往往資料的豐歉，可以決定學術研究的成敗，資料的運用，更可以看出一個從事研究工作者的智慧與學養。所以搜集《文心雕龍》以及與其相關的資料，是從事研究者的當急之務。談到資料的搜集，大別分為三種：一、是基礎資料，又叫靜態資料。靜態資料指的是《文心雕龍》本身，同時也包括前人的注釋、校勘、評語在內。我們利用這些資料，足以會通原典，為研究「文心雕龍學」紮下堅實的基礎。二、是專業資料，又稱動態資料，指目前研究《文心雕龍》而公開發表的論文，這些論文散見於各書報雜誌。對這些與日俱增的單篇論文，由於量多事繁，可依其性質的不同分別處理。如研究作者劉勰史傳方面的論文可歸為一類，研究《文心雕龍》本書的論文，可

歸為另一類。然後再由大類中分為若干細目，從細目裏，按照論文發表的時間先後，依序製作卡片，簡述各篇論文的作者姓名、發表時間、刊物名稱、期別頁數、內容概述等，以便適應參考需要，隨時抽提備用。三、是相關資料，又名旁涉資料：指與《文心雕龍》本文相互關涉的資料而言。茲以《文心雕龍》對前代文學理論的繼承為例，其間相關的資料，如與音樂理論相關的，有禮記的樂記、荀子的樂論、墨子的非樂、韓非子的十過、呂氏春秋的大樂、侈樂、適音、古樂、音律、音初、司馬遷史記中的樂書、劉向說苑中的琴說、桓譚新論中的琴道篇、班固白虎通德論的禮樂、阮籍的樂論、嵇康的琴賦、聲無哀樂論等。如與書法理論相關的，有蔡邕的九勢、衛夫人的筆陣圖、王羲之的書論、虞龢的論書表、王僧虔的論書等。如與繪畫理論相關的，有周禮考工記中的記畫、莊子中的論畫、曹植的畫贊序、顧愷之的魏晉勝流畫贊、孫暢之的述畫記、謝赫的古畫品錄、姚最的續畫品序等。如果再加上散見於論語、孟子、老子、禮記、淮南子，以及劉向、揚雄之作，班固、范曄之史，光是音樂、書法、繪畫方面的理論。和《文心雕龍》相關資料之多，就可以拿「汗牛充棟」來形容了。此外，和文學思想相關的、文學體裁相關的、文學創作相關的、文學批評相關的，其層面的廣闊，資料的叢雜，更不勝枚舉。假使一位研究工作者，對這些資料能切實掌握，並與《文心雕龍》的原典做某種程度上的結合、比照、分析和研究，信可洞燭劉勰「為文用心」之所在，而能見其真，能識其大。並會心有得，吐納自如了。

　　默察「文心雕龍學」未來走向，以上六點，僅僅是筆者平日講課和揣摩所得，還不能算是甚麼成熟的規畫和建議。更何況其中有些敘述僅點到為止，不但不夠詳盡，理論上也未必十分周延，值得商榷的地方還不是沒有。不過，今後我們想要在「文心雕龍學」研究的困境裏，突破高原期的瓶頸，走出一條寬廣大道，面對著這一部「陶冶萬

彙，組織千秋」的中國文學理論寶典，如何因應時代的變局，學術的
發展，從傳統繼承中，再賦予新的生命。我想，這些粗略的建言，也
許值得臺灣學者去省思。因爲發揚傳統文學理論的幽光，畢竟是每一
位中國人的義務！每一位中國人的權利！

五、結論：當前「文心雕龍學」面臨的隱憂

　　「文心雕龍學」在臺灣，經過學者們四十年漫長時光的陶煉，已
將原本一片荒漠的焦土，化爲百花競艷的沃壤。我們從它以往的發展
過程，和具體成就來看，不禁令人瞿然一驚；因爲時異勢移，「文心
雕龍學」的研究，已隨著經濟的起飛，在科技掛帥的前提下，發出了
聲嘶力竭的悲歌。這種現象，恐怕不僅存在於「文心雕龍學」，任何
研究中國傳統學術者，都正面臨著共同的隱憂，而焦急萬分。

　　學術研究不是社會的孤兒，他同樣的需要人去關懷、去重視，以
發揮學以致用的目標。但盱衡當今學術產銷市場，百無一用的，恐怕
非中文系的學生莫屬。其實，中文的內涵極富，範圍極廣，潛力極大，門
類又極多，無論是天文、地理、人事、日用、甚而工商科技、醫藥衛
生、兵法戰術、動植礦藏、音樂美術、車馬服飾，凡西方所有者，中
國無不應有盡有。我們的列祖列宗留下的文化遺產，雖然因爲時異代
變，今古不同；可是身爲後代子孫的人，總不能盡捨己之田，去芸人
之田，是否也應該痛下決心，拿出「立足傳統，放眼未來」的浩氣，
像兩千五百年前孔夫子刪訂六經那樣，把中國傳統文化再重頭收拾，
重新改造呢？

　　一味地保守，固然是自貽伊戚，但盲目地崇洋，又何嘗不是自甘
墮落。今天的臺灣，雖然已躍居世界的經濟強權，但在學術思想方面，卻
是名實相副的弱小。而西方文化，更視臺灣爲殖民地的樂土。

　　我總感覺臺灣整個的學術研究（不僅是「文心雕龍學」），非常

缺乏自我肯定。由於受到「買辦思想」和「拜金主義」兩大特權的污染，檢視我們學術研究的水平，固然缺乏獨立運作的精神，就是已有的成果，也像「失根的蘭花」，顯得蒼白而乾癟。

　　筆者立足於「文心雕龍學」研究的定點上，檢討過去，展望未來，深深地懷疑當前學術界共同面臨的困境，是因爲幾十年不變的教育制度有了毛病呢？還是中國人的智慧出了差錯？「文心雕龍學」研究的隱憂，不過是秋風送涼時，飄落的一葉而已！

吳品賢、陳佳君、林淑雲　校對

叁、臺灣近五十年《文心雕龍》
研究「專門著作」摘要

　　臺灣自一九四九年到現在，五十年來，《文心雕龍》研究的成果是豐碩的。在這裏總共介紹了四十三種專門著作。通觀各書的性質，牽涉的層面相當廣泛。例如有通論全書的、有校勘文字的、有術語研究的、有評解作法的、有導讀初學的，還有不屬以上各類的，可以說從《文心雕龍》的「本原」到「鑒賞」，從「理論的闡發」到「實踐」，從「正面的肯定」到「質疑」，幾乎都有學者在研究。由於受到手邊資料的限制，滄海遺珠的地方肯定是有，為此還希望讀者原諒。

1.文心雕龍註訂　張立齋　正中書局　民56年1月

　　本書共四七九頁，一九六七年一月，由臺灣臺北正中書局印行，二十五開本。內容完全按照劉勰《文心雕龍》全書的架構，分為十卷五十篇，每篇正文分段，逐段再挑選重要的生難詞語若干，加以註釋。作者在書前自序中指出：因為歷代注本未能盡善，即以近出的范文瀾注為例，以為范注根據黃叔琳注加以擴充，雖然勤勞有加，卻缺乏精采；便於翻檢，拙於發明；非當今學子研讀文心的善本。所以註訂的寫作，其目的在糾正諸本的謬失，和補充其所未備。

2.文心雕龍評解　李景濚　翰林出版社　民56年12月

　　本書共八十一頁，一九六七年十二月，由臺灣臺南翰林出版社印行，二十五開本。其體例完全按照《文心雕龍》原書編次排列。書前有序，書後附參考書目。從作者自序中可知，《文心雕龍》五十篇之

注，宋元以來，代有專家。現時流行的注本，也各有所長。然於《文心雕龍》評解方面的著作，只有清代紀昀的評本，民初黃侃的札記，近又有劉永濟的校釋。後二書較紀評詳明，惟劉氏特別著重六朝文的探討，紀昀評語雖多有可採，然囿於時代及主觀見解，故訛謬實繁。所以李氏爰本舍人『有助文章』之義，從寫作技巧和文學鑑賞的觀念入手，再參酌各家之說，斟酌現代文情，著作本書。希望讀者在研讀之餘，能略窺舍人爲文用心的意旨。

3.文心雕龍新解　李景溁　翰林出版社　民57年 4 月

　　本書四三四頁，一九六八年四月，由臺灣臺南翰林出版社發行，二十五開本。依照劉勰《文心雕龍》的體例，分十卷十篇，書末附錄《梁書‧劉勰傳》。作者自稱耗費五年的時光方才完成，在當時《文心雕龍》普及性作品萬分缺乏的情況下，堪稱空前未有。本書編排的方式，每頁分爲上下兩欄，上欄是文心原文，下欄是語體翻譯，每篇之末有題解，題解之內容在說明劉勰命篇的主旨，和分段大意，對重要詞語也有言簡意賅的注釋。

4.文心雕龍通識　張嚴　臺灣商務印書館　民58年 2 月

　　本書共一三三頁，一九六九年二月，由臺灣商務印書館發行，三十二開人人文庫本。作者於成功大學講授《文心雕龍》。內容由十個短篇集結而成，一九五六年前後，曾經陸續在臺灣發行的大陸雜誌發表。其主要論題計有劉勰文學探源，文心雕龍五十篇編次及隱秀篇眞僞平議，文心雕龍五十篇指歸考徵，文心雕龍板本考，明清文心雕龍序跋迻錄，歷代文心雕龍品評概舉，文心雕龍著錄歸類得失考略，文心雕龍唐宋群籍襲用彙考，劉勰身世考索，文心雕龍校勘新補序等。

5.**唐寫本文心雕龍殘本合校　潘重規**　香港新亞研究所　民59年9月

　　本書共九十六頁，一九七○年九月經香港新亞研究所出版，龍門書店經銷，十六開平裝。後於一九八○年前後，交由臺灣臺北文史哲出版社發售。此書首列序文，次錄校文，再附殘卷放大影本。作者以殘卷與俗本相勘勘，爬羅剔抉，每多發明。綜計他所得的成績：有原道篇一條、徵聖篇三十二條、宗經篇三十九條、正緯篇三十一條、辨騷篇四十五條、明詩篇四十九條、樂府篇四十九條、詮賦篇四十五條、頌讚篇四十八條、祝盟篇五十九條、銘箴篇四十九條、誄碑篇四十五條、哀弔篇三十五條、雜文篇四十八條、諧讔篇一條，共五百七十六條，爲從來利用敦煌唐寫校俗本，收穫最多也最完備者。

6.**文心雕龍釋義　劉勰撰、彭慶環注述**　華星出版社　民59年12月

　　本書共二八○頁，一九七○年十二月由臺灣臺北板橋華星出版社印行，作者先發行上冊，後發行下冊。書前附蔡亞萍序、黃純仁序、作者自序、南史劉勰本傳，及例言十則。每篇正文在前，白話注解在後，注解多以黃叔琳輯注和范文瀾注爲依據，並旁及其他各家，然後取精擇優，加以恢廓。注解之後爲「篇旨研究」，將每篇要旨作扼要的說明。根據序言，知道作者寫作本書的目的在闡明《文心雕龍》之精義，爲初學者研究之一助。

7.**文心雕龍析論　李中成**　大聖書局　民61年2月

　　本書共三五六頁，一九七二年二月由臺灣臺北大聖書局發行，二十五開本。除卷首有戴行悌序，杜爲序，作者自序外，書末附列文心雕龍原著，及英文提綱，內容分十三章九十二節。第一章文心雕龍的述作立場，第二章文心雕龍的基本觀念，第三章文心雕龍的寫作方型，第四章文心雕龍的主要內容，第五章中國文學的史敍和文體論，第六章

文心雕龍的文章作法論，第七章文心雕龍的文學批評論，第八章文心雕龍文學觀與西洋文學觀的比較，第九章文心雕龍與當時各家文論的比較，第十章從文心雕龍看唐後古文家文論，第十一章文心雕龍的時代使命與時代限制，第十二章《文心雕龍》在今天的文論價值，第十三章研究《文心雕龍》的發展方向。

8. **文心雕龍文術論詮　張嚴**　臺灣商務印書館　民62年3月

　　本書共二三八頁，一九七三年三月由臺灣商務印書館發行，三十二開人人文庫本。除書前自序外，其餘均依照文心雕龍下篇二十五篇之篇名標目。作者認為文心一書五十篇，上篇論文體，下篇論文術，實藝苑之祕寶；其中尤以闡揚創作和批評原理的文術論最切時用。故循文按義，逐一詮論。其行文體例大抵先解釋篇名涵義，再將原文分為若干段落或小節，並酌引舊說，講明各段大意，以闡發劉勰為文的用心。

9. **譯註文心雕龍選　陳弘治、陳滿銘、劉本棟選註**　文津出版社　民63年5月

　　本書共二二八頁，一九七四年五月由臺灣臺北文津出版社印行。三位譯者都任教於臺灣師範大學國文系。選譯了《文心雕龍》全書中的十八篇，其篇目是〈原道〉、〈辨騷〉、〈明詩〉、〈論說〉、〈神思〉、〈體性〉、〈風骨〉、〈通變〉、〈定勢〉、〈情采〉、〈鎔裁〉、〈夸飾〉、〈養氣〉、〈附會〉、〈時序〉、〈物色〉、〈知音〉、〈序志〉。每篇就原文酌分若干段，每段先正文，次註釋，又次譯文，最後有評解，來進一步闡明設篇大旨。書前弁以前言，並就劉勰所言加以分析，計有論文學與現實、論內容與形式、論風格、論題材、論文藻、論辭氣、論通變、論衡文等八事，以構成《文心雕

龍》的全部理論體系。探討文學的基礎問題，剖情析采問題，以及發展和批評問題。

10.文心雕龍考異　張立齋　正中書局　民63年11月

　　本書共三三六頁，一九七四年十一月經由臺灣臺北正中書局出版，二十五開本。張氏在一九六七年著文心雕龍註訂，曾前後兩赴美國訪書，得睹哈佛大學圖書館所藏的明萬曆楊升菴批點梅慶生音註本文心雕龍，及凌雲五色套印本文心雕龍，哥倫比亞大學圖書館藏道光十三年初刊之黃註紀評文心雕龍。然後又援據英國倫敦大英博物館所藏的唐寫本殘卷影片，涵芬樓影印的嘉靖本文心雕龍，並旁參御覽和民國以來范文瀾注本，楊明照校本，王利器新書等，逐篇校勘，經過八年的漫長歲月，完成了這部文心雕龍考異。書前有張氏自序，次依文心篇目編排，其體例是先列篇名，再頂格大字錄文心原文，原文以下細字另起，低二格校勘。校勘順序，引書在先，附案列後，以便讀者觀覽。

11.文心雕龍的樞紐論與區分論　藍若天　臺灣商務印書館　民64年4月

　　本書共一二二頁，一九七五年四月經由臺灣商務印書館發行，三十二開人人文庫本。藍氏任教於新竹交通大學，講授大一國文多年，他寫作本書的要旨，是按劉勰序志篇所言，分全書為文之樞紐與文之區分兩大部分進行論述。卷之一是樞紐論，討論文心雕龍的思想中心，內容分為五章。第一章原原道，第二章審徵聖，第三章究宗經，第四章正正緯，第五章辨辨騷。卷之二為區分論，討論文心雕龍文體分類，其中分為四章。第一章道文區分，第二章文類區分，第三章文類根源。

12.文心雕龍綴補　王叔岷　藝文印書館　民64年9月

　　本書共五九頁，一九七五年九月由臺灣臺北藝文印書館印行，二十五開本。王氏以爲劉勰《文心雕龍》，辭義隱晦難曉，兼以歷代傳鈔，刊刻，往往失其舊觀，於是在一九六二年冬，撰斠記一篇，粗舉一百六十事，加以疏通考校，發表於新加坡大學中文學會學報第五期。以後又講授此書多年，頗有創獲，於是對前說加以補充，根據通行的黃叔琳注本，整理成篇，更名爲《文心雕龍綴補》。其校勘內容：或講明出處，或辨章眞僞。通計所論文心共四十二篇，每篇少則二條，多至十九條，總計二百七十三條。

13.語譯詳註文心雕龍　王久烈等譯註　弘道文化公司　民65年2月

　　本書共六八七頁，一九七六年二月由臺灣臺北弘道文化公司出版，二十五開本。乃淡江文理學院中文系文心雕龍研究會的同仁譯註而成，計有王久烈、王仁鈞、王甦、王麗華、朱道序、沈葆、施淑女、胡傳安、唐亦璋、陳糜珠、傅錫壬、黃錦鈜、楊長慧、龍良棟、韓耀隆等十五人，每人分別譯註若干篇。書前有譯註例言和黃錦鈜序。其行文體例，每篇先列文心雕龍原文，次註釋，注釋首標讀音；再義訓，末引典故出處，間或附以按語，翻譯的文字力求深入淺出。譯文之末，皆標出譯注者姓名，以明文責。

14.文心雕龍批評論發微　沈謙　聯經出版社　民66年5月

　　本書共一四三頁，一九七七年五月由臺灣臺北聯經出版事業公司印行，二十五開本。是作者就讀臺灣師範大學國文研究所的碩士論文，內容分爲五章十一節。第一章緒論，包括劉勰傳略，寫作背景，文論體系三節。第二章批評原理，內含文原於道，質文並重，通古變今三節。第三章批評方法，包含批評之態度，批評之標準，批評之方法三節。第

四章批評實例，分爲程器、才略二節。第五章結論。書前弁以周何序、王更生序和作者自序；書末附重要參考書目。作者於自序中以爲研讀文心之步驟有三：首先洞明章句，尋味義蘊，以印證作品，其次上探師法，下究影響，以貫串源流，再其次要通變古今，斟酌中西，以鎔鑄新說。結論中又以今日眼光檢視《文心雕龍》全書之成就與缺失。

15.**文心雕龍之創作論**　黃春貴　文史哲出版社　民67年4月

　　本書共二〇七頁，一九七八年四月由臺灣臺北文史哲出版社印行，二十五開本。凡分四章十六節六十四目，前有緒論，後有結論，是作者就讀臺灣師範大學國文研究所時候的碩士論文。緒論申述劉勰著述《文心雕龍》的動機，並探討其書流傳千古的原因。結論強調文心雕龍歷久彌新，不因西潮東漸而沖淡其色彩。本論的第一章論文章之組織，下分「謀篇」、「裁章」、「造句」、「用字」四節；第二章論文章之修辭，下分「比興」、「夸飾」、「用典」、「隱秀」四節；第三章論文章之內質，下分「思想」、「情感」、「想像」、「氣力」四節；第四章論文章之外象，下分「聲律」、「辭采」、「對偶」、「風格」四節。每節又各設細目，其行文方式，大抵各章皆先言當目主題的界說或重要性，然後從正反兩方面闡明主題，最後申述寫作的理則。全書從劉勰文術論二十篇出發，詳加剖析，並進而援引唐、宋以迄晚近中西各家成說作持論的依據。書前附有李日剛先生和王更生先生的序。

16.**文心雕龍與佛教駁論**　周榮華　作者自印　民67年6月

　　本書共四十四頁，一九七八年六月，由作者自印。全書除「前言」與「尾語」外，內容共分四部分，一文心中並無佛教思想，二文心作於齊永明間，三彥和身世與佛教，四文心與滅惑論。作者以研究中國學術思想名世，見時人有以劉勰思想源於佛學之論，大以爲不然，遂

憤而作爲此論，用饗好《文心雕龍》者參考。

17.**重修增訂文心雕龍研究**　**王更生**　文史哲出版社　民68年5月

　　本書共四七一頁，一九七九年五月由臺灣臺北文史哲出版社發行，二十五開本。原名《文心雕龍研究》，一九七六年三月由文史哲出版社出版後，作者發現有很多缺失必須改正，遂又以兩年時光進行大幅度的增刪修訂，故有此重修增訂本的問世。此書較原本十四章之數少三章，本書之最大特色在掌握《文心雕龍》「爲文用心」的精神，將「文原論」、「文體論」、「文術論」、「文評論」架設在全書的主體部位，構成研究的中堅（第七至十章）。然後前乎此者爲文心雕龍的「美學」、「史學」、「子學」（第四至六章），後乎此者爲結論（第十一章），言《文心雕龍》在中國文學史上的地位。至於第二、三章，梁劉彥和先生年譜，《文心雕龍》板本考，則一知其人，一重其書，第一章緒論，專門在談文心雕龍研究的回顧和今後的展望。

18.**文心雕龍范註駁正**　**王更生**　華正書局　民68年11月

　　本書共一〇四頁，一九七九年十一月經由臺灣臺北華正書局出版，二十五開本。全書共分四章。內容包括：一、范註成塃二、范註內容析例，三、范註文心駁正，四、結論。而二、三兩章尤爲本書之重心所在。作者在第二章中，根據范文瀾《文心雕龍註》自設之例言，消化歸納，條其大凡，計有「逐條列舉，檢閱稱便」、「引書相證，必詳卷次」、「選取善言，究明作意」、「蒐亡輯佚，俾便省覽」、「舊文難解，附加考訂」、「傳疑之文，刪要採錄」等六目，以見范氏著述的脈絡經緯。第三章進而駁其失，正其非，計有「采輯未備」，「體例不當」，「立論乖謬」，「校勘欠精」，「註釋錯訛」，「出處不明」等六目。各目之下，又縷析若干小節，每節

除詳加說明外，並援引實例加以證明。

19.文心雕龍之文學理論與批評　沈謙　華正書局　民70年5月

　　本書共三〇〇頁，一九八一年五月由臺灣臺北華正書局出版，二十五開本。此乃作者就讀臺灣師範大學國文研究所的博士論文。全書凡分八章，除首末二章外，可分爲兩大單元：二、三、四章爲文學理論，五、六、七章爲文學批評。第一章文心雕龍的文論體系，內分「寫作背景」，「文論體系」二節。次章文心雕龍的文學原理，內分「文學之起源與功用──文原於道」、「文學之內容與形式──質文並重」、「通古變今」三節。第三章文心雕龍的文學類型，內分「文體涵義」、「文學體裁」、「文學風格」三節。第四章文心雕龍的創作理論，內分「創作之準備」、「文章之組織」、「修辭之技巧」三節。第五章文心雕龍的批評態度，內分「批評素養」、「批評蔽障」、「批評態度」三節。第六章文心雕龍的批評方法，分「衡鑑作品之六種觀點」、「各種批評方法之運用」二節。第七章文心雕龍的批評實例，分「總評十代文士」、「褒貶作家人格」、「衡鑑作家才略」三節。第八章結論，總結《文心雕龍》之七項主要成就與價值。

20.注音白話文心雕龍選註　李農　大夏出版社　民70年6月

　　《文心雕龍》是我國古典文學批評的權威著作。其中很多評鑒的觀點，都是千古不易，歷久彌新的。該書的文學理論，可以啓發或幫助人們欣賞古今中外文學的慧心，引發作家的靈感，培養寫作技巧。至於每篇文章的本身，更是擲地作金石聲的上好文章。而本書的價值，自是中外古今，世人所公認不朽的了。

　　該書原本五十篇，由於時代的遞遭，其中有些文體已不見於今日，雖然也都是不刊之論，但並不爲一般欣賞者所必須，所以本書選其適

用的二十篇，其用意是：一、原道：文學在發揚眞理，韓愈的文以載
道，桐城派的文章義法，都是此意，各種形式的文學，在今日尤然，
這是寫文章的基本觀念和態度。二、宗經：經典是聖賢講述眞理的文
字，以經典的道理爲宗本，寫出的文章不但內容純正，而且詞藻典雅
有致。三、辨騷：屈原的離騷，是繼詩經以後的南方文學代表，如欲
使文章能表達強烈的情感，不可不明白離騷的寫作技巧。四、明詩：
詩經是文學之祖，溫柔敦厚，典雅大方，以詩經風格爲本，方能成爲
大家。五、論說：談論道理，或說服人的文章，必須立場明確，敍理
清楚，論說技巧的重要由此可知。六、神思、文章有時需要想象或幻
想或憧憬的描寫。七、體性：敍論文人的才性和素質對作品的影響。
八、風骨：敍文章的風格和精神。九、通變：敍寫作技巧的變化運用。
十、定勢：寫文章的趨勢要有定形。十一、情采：敍抒情和辭藻的關
係。十二、鎔裁：敍文思的鎔和和形式上的剪裁。十三、夸飾：寫形
容和誇張在作品中的重要性。十四、練字：敍句中的關鍵字，由於一
字的強弱當否，可決定作品的成敗。十五、養氣：說明欲使文章有氣
魄，必先修養氣度。十六、附會：說明聯類事物，以求附合文理的技
巧。十七、時序；說明表現季節，氣候及時間，以影響文章氣氛的影
響。十八、物色：敍品評事、物的文字技巧。十九、知音：寫文章被
欣賞，和欣賞的樂趣，及知音之難遇。二十、序志：由本篇可明瞭作
者劉勰寫本書的動機和理想。

　　本書讀者，如能融會以上二十篇的意趣，相信對鑑賞眼光和寫作
修養會大有幫助的。

21.文心雕龍文論術語析論　王金淩　華正書局　民70年6月

　　本書共二六二頁，一九八一年六月由臺灣臺北華正書局出版，二
十五開本。內容凡分五章，除前言和結論外。作者論列文心雕龍的重

要術語，計第一章論「才質」，其中包括「氣」、「才」、「性」、「情」、「志」、「神」、「心」等。第二章論事義，其中包括「遙深」、「浮淺」、「信實」、「虛誕」、「貞正」、「賅贍」、「疏闊」、「昭晰」、「條貫」、「辨析」、「精要」、「繁雜」、「密附」、「豐博」、「短闕」、「奇巧」、「委婉」等。第三章論「辭采」，其中包括「質文」、「麗」、「彪蔚」、「綺靡」、「華侈」、「煒燁」、「潤澤」、「絢藻」等。第四章論「聲律」，其中包括「聲調」、「節奏」、「旋律」等。第五章論「體勢」，包括「體」、「勢」、「風骨」等。在研究方法方面，作者自言是「首先自各篇搜錄術語，復根據索引加以對照。而後逐條依上下文辨析其義，如此便可知術語之含義爲幾種，再判斷何種意義在文論中最重要。因此每一術語皆始於概述，進而舉證，繼而作一綜述，每章則有結語，略述其要點。」

22.文心雕龍與詩品之詩論比較　馮吉權　文史哲出版社　民70年11月

　　本書共一九一頁，一九八一年十一月由臺灣臺北文史哲出版社發行，二十五開本。內容分三章。第一章導論，包括「作者生平」、「寫作背景」、「著作內容」。第二章本論，包括「詩之定義」、「詩之起源」、「詩之功能」、「詩之體類」、「詩之作法」、「詩之流變」、「詩之批評」。第三章結論。在書前自序中，作者推崇劉勰《文心雕龍》「體大思精，籠罩群言」，鍾嶸《詩品》「思深意遠，溯源六藝」，在中國詩學上皆具有繼往開來的貢獻，而爲文學批評兩大巨擘。故論詩當從此二書入手。本書寫作動機在於將兩書參合比較研究，尋繹二家在詩的創作和批評原理方面有何異同。結論中作者特別指出二書相同之點有三：一、改革文學風氣的動機相同，二、不滿意前人的文學批評相同，三、對文學的基本主張相同。而其相異之點有

四：一、著作的宗旨與體例不同，二、改革文風的手段不同，三、對詩體與詩格的欣賞角度不同，四、對作家應具備的條件與修養看法不同。

23.**文心雕龍斠詮**　李曰剛　國立編譯館中華叢書編審委員會　民71年5月

　　本書共二五八〇頁，一九八二年五月由臺灣臺北國立編譯館中華叢書編審委員會承印出版。二十五開精裝本。全書分為上下兩編，別為二冊，上冊卷一至卷五，下冊卷六至卷十，每卷五篇，共十卷五十篇，架構雖仿劉勰《文心雕龍》，而篇次前後多按己意調整。書前有「序言」、「例略」、「原校姓氏」、「斠勘據本」；書後附以「附錄」，其中包括：一、劉勰著作二篇，二、梁書劉勰傳箋注，三、劉毓崧書文心雕龍後疏證，四、劉彥和身世考略，五、劉彥知世系年譜，六、文心雕龍板本考略。至於全書五十篇的行文體例，大抵每篇分為「題述」和「文解」兩大部門。「題述」在闡明全篇旨要及結構段落；「文解」又包括三個層面。首先是逐段「直解」作文意翻譯，其次是「斠勘」作文字訂正，再為「注釋」以詮明詞義。

24.**文心雕龍研究**　龔菱　文津出版社　民71年6月

　　本書共三一三頁，一九八二年六月由臺灣臺北文津出版社印行，二十五開本。內容分為三編，十一章二十八節，二十餘萬言。上編「劉勰與文心雕龍」，其中包括七章，分別探討文心雕龍的作者，寫作背景，寫作動機，命名涵義，成書年代與其他著述，重要版本和史志著錄，文論體系等。中編「文心雕龍樞紐論與文體論」，包括二章，分別闡述劉勰文心的樞紐論、文體論。下編「文心雕龍創作論與批評論」，內容包括二章，分別研究劉勰文心的創作論，批評論。作者在

書末總結論中強調：「綜合上、中、下三編的研究所得，可知《文心雕龍》全書從結構到每篇布局都非常嚴密緊湊，敍述詳盡，於文學理論、創作、批評方面不僅集前人的大成，而且也有獨到的見解，可稱得上『彌綸群言，自成一家。』」

25.古典文學的奧秘—文心雕龍　王夢鷗　時報文化出版社　民71年12月

本書共二八七頁，一九八二年十二月，由臺灣臺北時報文化出版公司出版，二十五開精裝本。乃該公司印行的《中國歷代經典寶庫》六十種之一。全書依次分成五個部分：第一部分包括「文物選粹」圖片九幀，簡介劉勰、本書作者及作者「致讀者書」；第二部分為「前言」，分別介紹「一部空前絕後的中國文學論」和「作者—從劉舍人到沙門慧地」兩小節；第三、四部分，則探討文心雕龍上下編的結構問題，前者又含「主旨的建立與文筆的分論」、「本乎道至變乎騷」、「作品的分類討論」三節；後者又綜括「篇次問題」、「摛神性」、「圖風勢」、「苞會通」、「閱聲字」、「雕龍之術」六節；第五部分為餘論，分別說明「時序、才略、知音、程器四篇相互的關係」、「從時代觀點敍文文章的演進」、「作家的造化與時代環境的關係」、「對於讀者作者的期望」等。最後，並附錄序志篇原文。

26.文心雕龍讀本　王更生　文史哲出版社　民74年3月

本書共九三二頁，於一九八五年三月由臺灣臺北文史哲出版社發行，二十五開本。全書分為上、下二篇，分二冊裝訂，上篇四八八頁，一九八四年三月出版，下篇四四四頁，一九八三年十一月出版，一九八五年三月，又有上下篇合訂精裝本一鉅冊的發行。根據書裏序言，知道作者在一九七一年，於國立臺灣師範大學國文系講授《文心雕龍》

之時，即有感於現行的古註今釋，或病於粗略，或失之於繁瑣，對教學頗爲不便，乃決心更張舊註，別鑄新疏，於是籌思十載，遂完成這部適合初學入門的讀本。既名「讀本」，所以在內容方面，作者力求深入淺出，行文通暢易曉，在結構方面，依照《文心雕龍·序志》的說法，分全書爲上下兩篇，上篇由卷一〈原道〉至卷五〈書記〉，下篇由卷六〈神思〉至卷十〈序志〉，每篇二十有五，以符合《文心雕龍》之原貌。在布局方面：書首列有自序，例言及原校姓氏。書末附錄劉勰著作二種、劉勰傳略、《文心雕龍》重要板本、劉勰《文心雕龍》考評等四部分，又作者基於實際教學經驗，在《文心雕龍》各篇正文之前有「解題」；文後有「註釋」、「語譯」、「集評」、「問題討論與練習」；正文的眉端上方有「分段大意」，舉凡足以協助初學者理解《文心雕龍》的必要步驟，皆經過通盤考慮，設想周到。

27.**文心與詩心　羅聯絡**　作者自印　民72年11月

　　本書共一六七頁，一九八三年十一月，由作者自印出版。觀書前目錄，共分三部分：一是文心雕龍選釋，二是李太白詩的啓示，三是文集。在第一部分中，作者選釋文心雕龍十一篇：計有〈原道〉、〈徵聖〉、〈宗經〉、〈神思〉、〈體性〉、〈風骨〉、〈通變〉、〈定勢〉、〈情采〉、〈鎔裁〉、〈義氣〉等，每篇鋪陳層次，大抵先錄文心正文，次低一格試釋。每頁分上下兩欄編排，由於正文和試釋字體大小一律，讀時極不易分辨。

28.**文心雕龍通詮　張仁青**　明文書局　民74年7月

　　本書共一二三頁，於一九八五年七月由臺灣臺北明文書局印行，二十五開本。作者著述的動機，在就劉勰的文學思想體系，及文心的重要文學理論作綜合性的探討。內容除前言外，共包括五部分：一、

劉勰之生平。二、劉勰著《文心雕龍》的動機。作者認爲有「愛美心理之驅使」，「思立言以傳世」，「針文苑之缺失」，「慨前修論文之零亂無統」等因素。三、劉勰的文學思想體系。作者認爲文心全書五十篇，可析爲五大類。〈序志〉乃全書的總序。〈原道〉至〈辨騷〉，乃文學的本原論。〈明詩〉至〈書記〉，乃文學的體裁論。〈神思〉至〈總術〉，乃文學的創作論。〈時序〉至〈程器〉，乃文學的批評論。四、《文心雕龍》的文學理論。五、《文心雕龍》對後世文學理論之影響。作者認爲清末民國之交，東西洋修辭評文之說傳入中國，乃喚醒國人對此一沈埋已久的文論寶典普遍重視，近五十年來，更蔚爲研究風尚，對文壇發生重大影響。

29.文心雕龍術語探析　陳兆秀　文史哲出版社　民75年5月

　　本書共二二八頁，於一九八六年五月由臺灣臺北文史哲出版社出版。內容分爲十章，並附有前言、餘論。前言在探討《文心雕龍》撰述的時代背景及立論根柢，並說明本書寫作動機和目的。餘論強調《文心雕龍》體大慮周，籠罩群言，影響後世極爲深遠。第一到第十章析解文心雕龍術語，分別就「文」、「道」、「體」、「氣」、「風」、「骨」、「情、采」、「華、實」、「奇」、「正」等十二字，探索其作爲專門術語的基本意義和引申意義。作者認爲文心的理論雖具體清晰，容易把握，但由於駢文偶句，時有隱晦不明之義，而近來《文心雕龍》譯註之作漸多，雖能幫助讀者減少閱讀上的困難，但很少能窮本索源，探驪得珠，故嘗試從分析《文心雕龍》術語入手，來正確理解劉勰文論的眞諦。

30.文心雕龍通解　王禮卿　黎明文化出版社　民75年10月

　　本書共九二七頁，一九八六年十月由臺灣臺北黎明文化公司發行，

二十五開本。內容編排完全按照《文心雕龍》原書編次，書前有序言、例言、梁書劉勰傳、黃校本原序、及提要等。作者在例言中指出本書的寫作目的，在求其系統圓備，解書必次第貫通，期盡言外之旨，故通字於句，通句於節，通節於篇，通篇於全書，以還契文心的完神，故以「通解」命稱。爲貫通文心各篇的要義，於是有卷首提要六綱：所謂立體、體例、名義、通則、體術、系統等。用以貫通全書的旨趣。至於各篇的體例，大致是先錄文心原文，次列黃叔琳注，再依次爲題義、篇旨、節次、贊等項。

31.文心雕龍與佛教關係之考辨　方元珍　文史哲出版社　民76年3月

　　本書共一三三頁，於一九八七年三月由臺灣臺北文史哲出版社出版，二十五開本。此爲作者就讀私立文化大學中文研究所的碩士論文。內容凡分七章，除序言外，第一、二章，言彥和的生平著述，時代背景；三至六章，循《文心雕龍》之綱領毛目，探原竟委，闡明各論與佛教的關係；末章結論。作者認爲今人研究《文心雕龍》與佛教，往往認爲劉勰論文係根據佛理以成書，如饒宗頤「文心雕龍探原」、「劉勰文藝思想與佛教」、「文心雕龍與佛教」，石壘「文心雕龍與佛儒二教義理論集」，馬宏山「文心雕龍散論」等，本書寫作，即據此立說，並進一步議得失，正是非，以彰顯《文心雕龍》和佛教關係的眞相。至於行文體例，大抵先引各家原文加以剖判，然後再引文心本文爲證。如文心本文所無，而必須加以駁斥時，則又甄採時賢的成說，作爲立論依據。

32.文心雕龍譬喻研究　劉榮傑　前衛出版社　民76年11月

　　本書共二二一頁，一九八七年十一月由臺北前衛出版社印行，作者鑑於文心雕龍之集釋和校證工作，已達相當境界，遂從譬喻的觀點，來突破前人，探討文心。此書首章緒論，介紹譬喻的定義和分類，以

及文心的比興觀。第二章摘釋各篇的譬喻，第三章分析文心譬喻的特質，第四章由譬喻探討文心的文學理論、最後結論。

33.重修增訂文心雕龍導讀　王更生　華正書局　民77年3月

　　本書共一七一頁，一九八八年三月經由臺灣臺北華正書局發行，二十五開精裝本。原名《文心雕龍導讀》，一九七七年三月由華正書局出版，凡分十章和附錄，共九十八頁。問世十年以來，梓行六版。作者有感於影響層面既廣，而學術動態和資訊日新月異，看法也有所不同，乃加以重修增訂，而內容擴充爲十三章。其內容首先介紹劉勰生平，而後分敍《文心雕龍》之性質，寫作背景，成書年代，內容組織，重要版本，行文之美，研讀方法，預修科目商榷，發展趨向，以及參考用書簡介等。附錄則包括近六十年《文心雕龍》研究總結和最近（一九七四──一九八七）國內外研究《文心雕龍》概況兩篇重要論文。較增訂前的原著有很顯著的不同。

34.文心雕龍與現代修辭學　沈謙　益智書局　民79年6月

　　本書共四三九頁，一九九〇年六月由臺灣臺北益智書局發行，二十五開本。其寫作主旨，在探究《文心雕龍》所論的比興，夸飾，隱秀等修辭理論與方法，和現代修辭學上的譬喻、象徵、夸飾、曲折、微辭、吞吐、含蓄、映襯、示現、層遞、頂眞等相結合，並列舉古今文學中最精采的實例予以闡釋評析，探討其在欣賞與批評中的效用。除自序外，內容共分五章十八節。首章論《文心雕龍》與修辭學，包括「文心雕龍研究方向」、「修辭學研究之鳥瞰」、「文心雕龍與修辭學」三節。第二章論比興，包括「比興之異義」、「比之修辭方法」、「興之修辭方法」、「比興之原則」四節。第三章論夸飾，包括「夸飾之產生」、「夸飾之得失」、「夸飾之方法」、「夸飾之原則」四節。第

四章論隱秀，包括「隱秀之界義」、「隱之修辭方法」、「秀之修辭方法」、「隱秀之原則」四節。第五章結論，包括「從古典理論到現代辭格」、「從字句修辭到篇章修辭」、「現代修辭學研究之展望」三節。

35.由文心雕龍知音篇談劉勰文學批評　李慕如　復文圖書出版社　民79年6月

本書共八十四頁，由高雄復文圖書出版社出版，於一九九〇年六月印行，作者以爲文心爲曠世奇構，黃山谷以之與史通並提，何義門以之與文選同唱，爲文評史上難得一見之鉅製。其內容先是緒論，次言批評蔽障，知音識照以及閱文標尺，再論衡文方法和品鑑實例，最後爲結論，論知音篇之得失。全文組織謹嚴，繁簡得中。

36.文心雕龍綜合研究　彭慶環　正中書局　民79年10月

本書共一三四頁，一九九〇年十月由臺灣臺北正中書局出版，二十五開本。內容分爲文體論、文理論、批評論三部份。其中文體論又分爲：文體之分類、文筆之區分、六朝各家對文體分類之比較、清代姚、曾文體分類舉要、文體述評五章。文理論又分爲：文理發凡、文章組合、文類辭藻、文章外鑠、文章外溢、文章內涵、文理述評七章。批評論又分爲：文學與鑑賞、批評之態度、批評之標準、文學與文德、文學與文才、文學與時代六章。書前附廖英鳴序，潘重規題辭、江舉謙序、編例、南史本傳、劉氏世系表及前言，書末有結語。作者自言：「本書除考證翔實外，尚有頗多特點：㈠在『文理論』中論風格爲文章之外溢，其中以神韻可通風格。㈡文學與時代一章，除闡述文心〈時序〉篇之要旨外，其所論述延伸至現代五四運動爲止。」

37.文心雕龍比喻技巧研究　黃亦真　學海出版社　民80年2月

　　本書共三八○頁，於一九九一年二月由臺灣臺北學海出版社印行，二十五開平裝。內容分為十章：第一章比喻概論，第二章文心雕龍比喻概說，第三章文心雕龍比喻類型研究，第四章文心雕龍比喻素材研究，第五章文心雕龍比喻技巧研究，第六章文心雕龍比喻慣用詞彙淺說，第七章文心雕龍各篇比喻實例析論，第八章文心雕龍比喻的缺點，第九章比喻法是文學批評中經常使用的技巧，第十章文心雕龍運用修辭技巧舉例。書前附《南史》劉勰傳，自序，和例略數則。

38.文心雕龍新論　王更生　文史哲出版社　民80年5月

　　本書共三五五頁，於一九九一年五月由臺灣臺北文史哲出版社印行，二十五開平裝。作者彙集了自己歷年來發表的論文十三篇，書序二篇而成。作者自言其論文性質，區以別之，大抵可分四組：前六篇「劉勰文心雕龍結構的完整性」、「劉勰文體分類學的基據」、「劉勰的風格論」、「劉勰的風骨論」、「劉勰的聲律論」、「劉勰文學批評的理論與實際」，是就《文心雕龍》的系統結構和內容重點，作深入研究，為第一組。七、八兩篇「文心雕龍成書年代及其相關問題」、「文心雕龍史志著錄得失平議」，係從實證角度出發，專門考訂《文心雕龍》成書時間和史志著錄情形，為第二組。以下三篇「王應麟和辛處信文心雕龍注關係之探測」、「日藏明刊本王惟儉文心雕龍訓故之評價」、「范文瀾文心雕龍注駁議」，乃探討舊注善本的存佚、價值、得失，為第三組。最後「文心雕龍在國文教學上的適應性」和「臺灣文心雕龍學的研究與展望」兩篇。一則期使《文心雕龍》理論能配合實際，紮根於國文教學；一則對臺灣光復後，四十年來《文心雕龍》研究成果和未來展望作一巡禮，為第四組。附錄的書序二篇：「沈（謙）著《文心雕龍批評論發微》序」、「黃（春貴）著《文心雕

龍龍之創作論》序」，內容亦多和正文相發明。

39.中國古代文學理論的祕寶─文心雕龍　王更生　黎明文化出版社 民84年7月

　　本書共三三八頁，於一九九五年七月由臺北黎明文化出版公司印行，全書除「卷頭的話」和「結論」「附錄」不計外，共計六章，一是緒論，二是駕馭群書的序志篇。三是樞紐全局的文學本原論。四是囿別區分的文學體裁論，五是剖情析采的文學創作論，六是崇替褒貶的文學鑑賞論，根據作者在「卷頭的話」，他以爲「本書雖然在抉微闡幽方面，還不能說是全面而毫無遺珠，但是對一個初學而有志探索中國古代文學理論祕寶的人來說，這部深入淺出的作品，也許可以做爲投石問路的標竿吧！」

40.文心雕龍選讀　王更生　國立編譯館主編、巨流圖書公司印行　民83年10月

　　本書共五一七頁，由臺北巨流圖書公司於一九九四年十月印行。此爲國立編譯主編，大學用書之一。根據選例知本書編選的目的，專爲適應大學中文系及愛好《文心雕龍》，而又苦於全書內容過多，辭義艱深，不易掌握要領者之需要，特甄別部類，萃其菁華於一編。綜觀全書內容，除〈序志〉篇移前，列爲首篇外，其他依次於文原論選〈原道〉、〈宗經〉、〈辨騷〉；文體論選〈明詩〉；文術論選〈神思〉、〈體性〉、〈通變〉、〈情采〉、〈鎔裁〉、〈章句〉、〈比興〉、〈夸飾〉、〈附會〉；文評論選〈時序〉、〈物色〉、〈知音〉等共十七篇，佔文心全書五十篇的三分之二強。其論選證例，大致分爲五個單元：一曰選例、二曰書影、三曰代序、四曰選文、五曰附錄。並於選文中，首列解題，次列正文，再次列注釋，又次爲集評和賞析，最

後爲圖解。對初學者而言，如能一卷在手，不僅晃朗可知，亦可免翻檢資料之勞。

41.魏晉文論與文心雕龍　呂武志　樂學書局　民87年3月

本書共四七二頁，由臺北樂學書局於一九九八年三月印行，作者根據章學誠《文史通義》與劉勰《文心雕龍》〈序志〉篇文，以爲魏晉文論是劉勰取法之寶庫，而時下研究者又未能深入推闡；作者有感於此，特撰寫本書。

本書先由魏晉文論發展之背景、特質、選樣入手，然後就魏晉文論與《文心雕龍》密切相關者十一家，按照時序，各立專章，比對分析，以彰顯彼此共通之觀點，最後揭示《文心雕龍》對魏晉文論之繼承與開展；末附「魏晉文論家一覽表」，既可與正文相參照，又兼具拾遺補闕之功用。

綜觀全書十七章，一百零三節，三十萬言，皆作者稽考原典，剖判源流，較論同異，比對分析，會心有得之作。蓋劉勰《文心雕龍》麗辭雅義，其本身即具有高難度，再加以魏晉文論若魏文典論、陳思序書、仲治流別、陸機文賦等爲眾所熟知外；他如桓範世要、傅玄七謨、左思三都、陸雲與書、葛洪外篇、李充翰林等，皆若斷港絕潢，乏人問津。而作者不避艱困，勇於糾合眾作，與《文心雕龍》之文學理論，作多層面、多角度之比對，以印證劉勰之著文心，所以「體大慮周，籠罩群言」者，皆淵源有自，非逞臆雌黃者可比。故本書不僅大有功於劉勰，即對我國文學理論之研究而言，亦應給予正面之肯定與鼓勵。

至於在行文措詞、組織布局、資料運用、研究方法等方面，雖難稱無懈可擊，但小疵不掩大醇；相信方家慧眼，顧盼可知，故不煩贅云。

42.文心雕龍析論　王忠林　三民書局　民87年3月

　　本書共六○○頁，由臺北三民書局於一九九八年三月發行。根據作者自序，知「本書的寫作，是就《文心雕龍》的整體，來分析其結構，討論其內容，精確認識其理論，既不膠於注釋語譯，也不憑空泛談理論。」全書共分十一章：第一章緒論，第二章文心雕龍的寫作背景，第三章文心雕龍的內容組織，第四章文心雕龍的思想論，第五、六、七章文心雕龍的文體論，第八、九、十章文心雕龍的創作論，第十一章文心雕龍的批評論。

43.文心雕龍要義申說　華仲麐　學生書局　民87年10月

　　本書共七二頁，由臺北學生書局於一九九八年十月印行，書著有陳新雄教授序，書末附沈秋雄教授跋，全書內容分十一目，即撰人生平第一，著作時代第二，劉彥和簡譜第三，全書綱領第四，文理微實第五，文術修養第六，文藝批評第七，明悟發凡第八，研讀詮次第九，篇章繹釋第十，後言第十一。

　　　　　　　　　　　　　　　　　林淑慧、蔣聞靜　校對

肆、臺灣近五十年《文心雕龍》研究「期刊論文」摘要

　　自一九四九年，中華民國政府由大陸撤退來臺後，由於政治逐漸安定，生聚教訓的結果，大中小學的教育走上常軌及發展，學而有成之士，已開始注意《文心雕龍》的價值，並起而研究，發而爲文，在島內各大報章或學術性雜誌，以及校內之刊物、學報，進行刊載。五十年來，得四百五十篇，而此次摘要介紹，加以刊布者，僅爲總數之一半。俟稍假時日，再作補充，不及之處，懇祈同道先進指正。

1.讀中大藏明本文心雕龍　闌珊　中央日報8版　民38年3月3日

　　明萬曆己卯（西元一五七九）雲間張之象刊本《文心雕龍》，依王利器《新書》之記載，原刻現藏北京大學。經考得臺灣商務印書館四部叢刊所景印之涵芬樓明刊本，即係此刻。故本書第二部分《文心雕龍》板本考略㈡單刻本，其中所錄明張之象本，即係根據商務本爲說。今閱闌珊先生文，知三十八年政府撤退前夕，張氏原刻尚存廣州中山大學，並據之校得十一字。書首印記四方，足見爲歷代所寶。

2.劉勰的風格論　廖蔚卿　大陸雜誌　6卷6期　頁11-16　民42年3月

　　作者以爲劉勰之風格論，雖主要包括於〈體性〉、〈風骨〉二篇內，而於其他各篇亦時時涉及。故本文首引德國烏克尼格（Wackernagel）著之《修辭學與風格論》，爲文章風格下一明確之界說，

並相繼以《文心雕龍・體性》篇之八體為基準，酌取〈徵聖〉、〈宗經〉、〈辨騷〉、〈明詩〉、〈詮賦〉、〈諸子〉、〈論說〉、〈章表〉、〈奏啓〉、〈風骨〉、〈鎔裁〉、〈時序〉，以及《文鏡秘府論》遍照金剛論文體六事，相互印證，確信《文心雕龍》「書所討論之文學原理至為精詳。在中國文學批評史上，實少有繼承者。而就其理論以體驗今日之中國文學，尤覺有發掘不盡之精微處。」誠為研究有得之言。

3.劉勰論時代與文風　廖蔚卿　大陸雜誌　9卷10期　頁19-21　民43年11月

　　作者以《文心雕龍・時序》篇為主導，復攬涉全書各篇相關文字，參互證驗，歸納出三點結論：㈠政治影響文風，政有興亡，代有治亂，文學乃反映時代之工具，因此文學作品之內容與形式呈現各種不同之風格。㈡社會安危影響文風，天災人禍、民不聊生，致文學作品中之思想情意，具有亂世色彩。㈢時代思想影響文風，文學在呈現時代思潮，文學必受時代精神之影響，始能反映時代精神。劉勰確認時代影響文風之理論，不僅對文學鑑賞闢一新途徑，擴而大之，尤可據此作為評審作家之標準。

4.劉勰的創作論　廖蔚卿　文史哲學報　6期　頁229-265　民43年12月

　　作者自言欲將《文心》一書，作「文學概論似的整理」，本文係整理之第二章。文中主要說明劉勰對作家之指示與要求，討論文學之內容及形式與創作法則。所謂文學作品之形成，說者紛紜，括而言之，實不外內容、形式二部分。一言內容，則思想、情感、想像，缺一不可。一言形式，則立意、布局、句法、章法、用字、意象、韻律、節奏、養

氣、積學，皆為傳達文學內容之重要工具。作者即根據此二方面，廣徵劉彥和《文心雕龍》中之有關見解，並印證近代歐西文學理論，愈覺《文心》體大慮周，為百世不刊之文論名著。

5.劉勰論文學與時代的關係　唐亦男　文字月刊　3卷10期　頁5-6　民44年10月

作者以為文學固產生於作家個人之意識與靈感，但對現實人生社會之感應與需要，亦極重要。所謂現實人生社會者，即文學外在因素。唐氏乃綜理《文心‧時序》篇文，分三點予以說明，即「㈠政治興衰對文學之影響。㈡社會治亂對文學之影響。㈢哲學思想對文學之影響。」理極細密。

6.文心雕龍與辭賦起源　羅敦偉　暢流半月刊　7卷11期　頁6-7　民46年6月

作者於提要中謂：「中國文學史上研究辭賦起源的人，都上了劉勰《文心雕龍‧詮賦》篇的當，都以為辭賦是由『詩有六義，其二曰賦』而來。照作者的研究，辭賦既不是『詩有六義，其二曰賦』之賦，更不是賦詩之賦，自然不是班固所謂『古詩之流也』；而是散文發達之後，韻文與散文之結晶。」故其分由六節，以暢述其論旨。

7.劉勰的文學觀　張　嚴　文學雜誌　5卷4期　頁39-42　民47年12月

作者主在闡敘劉勰文學觀的內涵與重要性。首先，論敘彥和著書的動機，乃有鑑於宋初訛新之文弊而來。其次析論劉勰之文學觀，大抵有四：一、原道的：即揭示原道、徵聖、宗經之說，以矯訛翻淺，端正文風。二、抒情的：即提出「為情造文」的箴言，以力挽為文造情、採濫忽真之頹弊。三、創造的：即揭舉通變的文學觀，重視文學

的創造性。四、自然的：即提出文章宜發乎天機之自然，以匡正忸怩矯飾之僞。文末盛贊劉勰的文學觀，因能對症下藥，正確而寶貴。

8.文心雕龍的文體論　徐復觀　東海學報　1卷1期　頁45-100　民48年6月

本文內容共分五目，一文體觀念的混亂與澄清。二文體三個方面的意義及其達到自覺之過程。三文體之基型及文體與情性之關係。四文體出於情性之實證。五文體論之效用。作者於本文〈前言〉中曾謂：「文學的特性，須透過文體的觀念始易表達出來，所以文體論乃文學批評鑑賞之中心課題；亦係《文心雕龍》之中心問題，顧自唐代古文運動以後，文體之觀念，日趨模糊，明代則竟誤以文類爲文體；遂致現代中、日兩國研究我文學史者，每提及《文心雕龍》之文體論時，輒踵謬承訛，與原意大相出入；此不特妨礙對原書之研究，且亦易引起一般文學批評鑑賞上之混亂。」

9.劉勰風骨論發微　黃振民　學粹　2卷4期　頁18-19　民49年6月

文中首論彥和之論風骨，本自魏文之論文氣，并摒棄先天才性不談，專言文章氣勢。綜其所述：「一爲篇章間之氣勢，一爲語辭間之氣勢。前者曰風，後者曰骨。」結論中指出彥和之論，較魏文具體而精當。其持說多承黃季剛《文心雕龍·風骨篇札記》。

10.文心雕龍版本考　張　嚴　大陸雜誌　20卷11期　頁3-6　民49年6月

作者以爲《文心》者，乃藝苑之祕寶，創作之圭臬也。然坊間所售類皆仿北平黃叔琳輯注本，作者既憾佳本不可得，遂就其所目睹與家藏之板本，一一分析比較。所舉有㈠石印本，如掃葉山房新體廣注

本。㈡影印本，如商務印書館叢書集成。㈢鉛印本，有梅慶生音註本、佘誨單刻本、汪一元單刻本、張之象單刻本、吳興凌雲本、何允中漢魏叢書本。均分別說明各本之源流、刻板時地、格式與款式，並舉例說明轉相鈔寫、穿鑿附會甚洽，適近年政大之異。須參綜各本，旁稽博考，以返《雕龍》之原始面目，方知《文心》論析之初衷。

11.沈約劉勰鍾嶸三家詩論之比較　舒衷正　政大學報　3期　民50年5月

作者於〈前言〉中云：「至鍾仲偉品騭五言，分別論述，勒成專書，其間論詩之作，魏文書典而外，惟沈休文《宋書·謝靈運傳論》，劉勰《文心雕龍·明詩》，為其先導。《詩品》雖謂感彭城劉士章欲為當時詩品未遂而作，察其論斷取捨，實多與沈、劉二家合者，故特取三家詩論比較論別，以明論詩之源流焉。」全文共分十三節，而綜觀所論，三家詩論之不同有五，如論詩之源流、詩之聲律、詩之用事、詩之工拙、詩之功用等。

12.文心雕龍五十篇編次及「隱秀篇」真偽平議　張　嚴　大陸雜誌23卷8期　頁13-16　民50年10月

本文首推彥和持論之根源，以為品鑑人物之風，東漢已濫觴於前，魏晉沿習於後。彥和去晉未遠，因亦側重人物之品鑑。蓋五十篇所論，撢其旨歸，約有四端：「㈠彥和論文，側重人物品鑑；故五十篇非徒論文，亦兼論其人。㈡彥和論文，特重才性，故《文心雕龍》下篇以下二十五篇，雖泛論原理原則，就實義言，亦惟才性是尚。㈢彥和論人，非局限於操觚者之才華，要亦取法乎上，致用第一。彥和五十篇文論，實繼陸機《文賦》之餘緒。」

13.歷代「文心雕龍」品評概舉　張　嚴　大陸雜誌　24卷2期　頁10 -13　民51年1月

此文內容與楊明照《文心雕龍校注》〈附錄二歷代著錄與品評〉，多有同者，文分二項：即甲、總論全書者，乙、專論一篇者，於甲項中收八家之評，如《梁書·劉勰傳》、唐劉子玄《史通·自序》、黃庭堅〈與王立之書〉、劉孟塗〈集書文心雕龍後〉、《文心雕龍兩京遺編本·胡維新序》、何焯《鈍吟雜錄》、章實齋《文史通義·文德》篇、李家瑞《停雲閣詩話》等。乙項亦有八家之評，如柳開〈與王觀復書〉、晁公武《郡齋讀書志別集上》、元王構《修辭鑑衡》卷三、《謝榛四溟詩話》、何義門《鈍吟雜錄》、葉燮《原詩》、董斯張《吹景集》卷三、馮班《鈍吟雜錄》卷四等。

14.文心雕龍著錄歸類得失考略　張　嚴　大陸雜誌　24卷12期　頁7 -10　民51年6月

作者自謂「《文心雕龍》著錄，〈隋志〉已造其端，自爾相沿，無代無之。雖卷帙無殊，而歸類有異」。故作者就恒日讀書所見，分總集類、別集類、集部類、文說類、詩文評類、文史類、文集類、古文類、子雜類、詩文名選類等十類二十三家之說，用見後人對《文心雕龍》著錄歸類之得失也。

15.文心雕龍唐宋群籍襲用彙考　張　嚴　大陸雜誌　26卷4期　頁11 -16　民52年2月

作者著述本文，推溯唐宋群籍襲用《文心》之原因，不外三點。即㈠有意者據事類義，所以援古證今也。㈡無心者因心同理同，走筆所至，情趣易合。㈢因方假巧者，則純出摹製而然。於是歷舉唐宋兩代，一十一家書目所襲用者，合得三十一條。各條之末，復引《文心》原

文相比勘。大致不出楊明照文《心雕龍校注》〈附錄四群書襲用〉一節之範圍。

16.文心雕龍與蕭選分體之比較研究　舒衷正　政大學報　8期　頁259-285　民52年12月

梁昭明太子蕭統藏書三萬卷，恒引納才學之士，討論篇籍。其所輯《文選》一書，囊括七代，自成一家。觀其與劉勰《文心》所論，雖區宇較狹，分體較碎，而於文章分類去取，多有相符者。其時劉勰雖曾爲太子舍人，然其所著書，已於南齊之末，經沈約鑑定，流布士林。故知昭明集文學之士，薈萃篇翰，嚴加甄選，裒集成書，必多所取法。然以二書體制大異，故區分取捨，無法全同。故作者就兩書之體制、分類、編次、篇例、四者，加以論述，以明其同異。

17.明清文心雕龍序跋迻錄　張　嚴　大陸雜誌　28卷7期　頁17-22　民53年4月

序跋者，一書之標幟也，故章實齋有「古之有序，所以明作書之旨也」句，《文心雕龍》體大慮周，後人愛之者衆。唐寫宋槧而外，元明單刻多有序跋，以紀板本源流種別。作者特就明清二代之作，分序與跋爲二類，共二十二篇。

18.文心雕龍五十篇指歸考微　張　嚴　大陸雜誌　29卷9期　頁13-18　民53年11月

作者言《文心》五十篇，半論文體、半論文理。論文體著重比較分析；論文理，則泛論原則原理。歸納該書五十篇之指歸爲四：一是彥和論文，側重人物品鑑，除論文外，兼論其人。二是彥和論文，特重才性，以下篇二十五篇，雖泛論原理原則，就實義而言，亦唯才性

是高。三是彥和論人，取法乎上，致用第一，非局限操觚者之才華。四是彥和五十篇文論，實繼陸機《文賦》之緒業。

19.文心雕龍原道辨　李宗慬　大陸雜誌　30卷12期　頁16-18　民54年6月

　　作者以為《文心雕龍》之言道，究當何屬，固須求之於《文心》本書，因分三點加以說明：「㈠以《文心》所言之道乃儒家之道。㈡以《文心》所言之道乃道家之自然。㈢以《文心》所言之道乃行文之道。」文末作者復云：「《文心》之論道惟〈夸飾〉篇引〈易繫〉上曰：『形而上者謂之道，形而下者謂之器。』故愚以為論《文心》之道者當準乎此。似不必因原道篇而謂彥和之所論道，亦行仁義之道也。」

20.文心雕龍要義申說　華仲麐　大學文選（文心雕龍專號）9、10期合刊　頁13-48　民56年10月

　　本文首由《梁書》、《南史‧劉勰傳》考彥和生平，次節證《文心》寫作年代，並附劉彥和年譜。第三節闡明《文心雕龍》之義例，第四節言，文理徵實之法，第五節論文術修養，其中分虛靜、術氣、率情、融理、積學五類。第六節言文藝批評，有崇替、褒貶、怊悵、耿介四類。第七節為明怡發凡。第八節條列研讀《文心》詮次。第九節篇章繹釋示例，末節為後言。作者謂此文乃便於授課之用，故重在徵集眾說，以供學者作為研讀《文心雕龍》之蹊徑。

21.文心雕龍書後　曹　昇　大學文選（文心雕龍專號）9、10期合刊　頁107-113　民56年10月

　　本文內容計有〈原道第一〉書後，〈宗經第三〉書後、〈辨騷第五〉書後、〈神思第二十六〉書後、〈體性第二十七〉書後、〈風骨

第二十八〉書後、〈通變第二十九〉書後、〈情采第三十一〉書後、〈鎔裁第三十二〉書後、〈聲律第三十三〉書後、〈章句第三十四〉書後、〈麗辭第三十五〉書後，共十三篇。究其內容，多爲曹氏課餘抒感，隨教隨寫之作。

22.劉勰神思篇譯注　鍾露昇　大學文選（文心雕龍專號）9、10期合刊　頁114-119　民56年10月

　　譯文分三部，㈠原文，㈡語譯，㈢注釋。譯辭顯白，注解簡明，是本文優點。惟《文心》造語偶對，寓義深奧，譯白難宣原旨處，亦在所難免也。

23.劉勰論文之特殊見解　王夢鷗　國立政治大學學報　17期　頁1-20　民57年5月

　　作者以爲劉勰在《文心雕龍》一書中，有四項論文的特殊見解：其一是對於詩歌分野的體會，以來源說，詩歌二者原不可分，而後行之於文，偏重文辭形式的詩歌而分歧。其二言構辭活動之二層觀，將心靈、語言、文章的體系，區分作「心言」與「言文」兩層次來說明。其三論字詞新變索源。最後語及構辭法與文體之嬗變，所論獨具。

24.劉勰的原道說　柯慶明　大學論壇　23期　頁26-33　民57年5月

　　本文分二節：「㈠劉勰的原道說。㈡劉勰原道說的批評。」肯定劉勰所原之道，非「文以載道」之道，而是「自然之道」。至於對劉勰原道說之批評，以爲劉勰對「文學」一詞之義界與今人不同。其次是劉勰在討論文學之功用、通變、體類、創作與批評時，均能把握住文學發展之史實，至於在文學起源及功用上，原道說似與亞氏模擬說（The imitative theory）接近。

25.張立齋「文心雕龍註訂」評介　徐芹庭　東西文化　16期　頁57　民57年10月

作者讀《文心雕龍》注多矣，然皆不甚洽，適近年政大張立齋先生有《文心雕龍註訂》之作，交正中書局發行，讀而有得，以爲「既正諸本之謬失，又補諸家所未備，無范注之雜，而有黃氏之精，初學得之，允稱善本……」故爲文評介。

26.文心雕龍創作論　林素珍　文海　14期　頁35-38　民58年1月

作者以爲欲瞭解、欣賞、寫作文學，定要讀《文心雕龍》，因其有完整的理論，所以本論文從四方面來探討：一、寫作《文心雕龍》的動機。二、《文心雕龍》的命名。三、《文心雕龍》的主要文學觀。四、《文心雕龍》創作論：作者從才性、文思、文質、文法、修辭、文氣、聲律、風格等各方面分述。最後強調《文心雕龍》是爲矯正當時形式文學而作，自有其時代的意義和價值。

27.劉勰的詩論　李元貞　臺大青年　頁8-9　民58年4月

本文論述劉勰對詩的看法。文章起始提出兩大脈絡，一是體：說明詩產生的本原是「心」，而人心因具有七情，所以才能感物吟志，瞭解詩是一種抒情的文體。而此文體的內容及表現技巧，劉勰提出了「摛風」、「裁興」之法，以達深永含蓄的詩意。二是說明詩對人生社會的功價。作者以爲詩能「持人情性」，流露「無邪」情思來陶冶人的情性，而對文學的潛化作用，作者認爲劉勰提出客觀的說明。

28.文心雕龍創作論之探討　默　君　中華日報　頁10　民58年8月13日

作者以爲劉勰之創作論，大別可分爲才學、氣韻、文質、文思、

音律、修辭、比興、風格八類，而用其功力，煅煉其巧，秦漢文史哲
學家，雖各墨守一家之言，而相標榜，實多容納他說。故朱維之《中
國文藝思潮史略》稱秦漢魏晉南北朝爲思潮之合流時期，實爲確鑿之
言。《文心雕龍》乃究「文體之原而評其工拙」，且審理度文之力，
足資後人取法者甚多。

29.釋文心雕龍的虛靜說　古添洪　現代學苑　6卷9期　頁27-29　民58年 9 月

　　作者於文中首引《文心雕龍‧神思》篇首段文字，並取老、莊、
荀卿三家之說相推勘，以尋繹彥和立說之依據，繼而歸納爲五點要旨，末
段以爲虛靜之眞實內涵，亦是文學的心理狀態的全貌。作者創作作品
時，其心理狀態亦是如此，讀者閱讀作品時，心理狀態亦同此，可見
文學之所以稱作文學，即端賴此一心理狀態。

30.劉勰和他的文心雕龍　章 江　自由青年　42卷4期　頁51-58　民58年10月

　　本文分四部分介紹劉勰和《文心雕龍》：一、簡述劉勰以前文學
理論的發展概況，並以爲劉勰和《文心雕龍》具有不朽的文學地位。
二、敘述劉勰生卒年，且說明其思想淵源如何影響《文心雕龍》的本
質和方法。三、說明《文心雕龍》不僅具有文學理論和批評的價值，
其本身亦含有文學質素。亦簡略說明其書的成就和局限性。四、最後
說明著書的動機。

31.文心雕龍聲律篇研究　王更生　中山學術文化集刊　4期　頁633-652　民58年11月

　　作者首先闡明彥和論文章之鎔裁特重聲律，次尋繹彥和聲律論之

思想淵源。繼言彥和於聲律方面之創解，以及附帶敘述其聲律論與《詩》、《騷》用韻，和取定沈約之關係。結論中作者強調彥和聲律論較諸並世各種類此之成說，不但完備，而且獨具系統。甚至後世唐人之律體，亦因彥和之影響，格律大備。可是常人僅知沈約創四聲八病之說，反忽視彥和承先啓後之功。

32.文心雕龍校訂　蒙傳銘　林尹先生論文集　頁1831-1844　民58年12月

　　作者讀各家校注，頗覺原文尚有須加校訂者，因參考他說，條舉所得者十六條，率精確可讀。

33.文心雕龍之文學本原論　張雁棠　中華文化復興月刊　3卷　3期　頁41-45　民59年3月

　　文章起始先肯定由〈原道〉、〈徵聖〉、〈宗經〉、〈正緯〉、〈辨騷〉構成的文原論，並分六點探討：第一、文原論的歷史背景。第二、道原自然，文原於道。第三、徵聖立言，則文有師。第四、文體繁變，宗經有本。第五、緯說詭誕，酌采資文。最後是接軌風詩、騷體始變：騷賦雖承風雅，亦為浮詭所託，其有挽頹風、正淫侈之特色，故附於文原論之末。

34.劉勰的文學批評論　杜松柏　中央日報　頁9　民59年4月

　　作者感於臺灣文藝創作之路線，不是淪於色情，就是流於頹廢。欲導邪入正，作者以為必先從端正文學批評著手，特寫作本文，以為學界倡。綜其內容，略分七節：㈠文學批評之真義，㈡劉勰的文學批評理論鉅著，㈢論文學批評之難易，㈣文學批評家之素養，㈤批評家之態度，㈥論文學批評的原則，㈦劉勰運用的批評方法。

35.文心雕龍新探四則　盧錦堂　文海　17期　頁46-48　民59年5月

　　作者以實事求是的精神，就《梁書‧南史》或與彥和有密切關係的人物傳記資料，考證劉勰的出生地點和生死年代。對成書時間也從本傳及其他有關旁徵資料來研討。接下來論述其歸類考略，就不同歸類的缺失，提出《文心雕龍》正確的類別：詩文評類。最後的編次分目，作者認爲應依照各篇性質及〈序志篇〉的說明，作明白清晰的編次。並將熊公哲、張嚴二位先生的意見列出，然後舉己見說明編次方法的依歸。

36.文心雕龍質疑　王夢鷗　圖書季刊　1卷1期　頁19-30　民59年7月

　　本文共分兩節：「㈠文辭上的陷阱。㈡理論的窮巷。」此作題曰質疑，實乃問答。作者以爲《文心雕龍》爲一部不易理解之書，其不易理解之原因有：㈠因本書所講述之對象，皆微妙而多變化之事物。㈡因作者對此微妙而多變化之事物，竟能掌握多少現實，不無疑慮。㈢作者如何表達他所把握到之現實，在此一部書中，則更是現實中之現實問題。其次作者以爲彥和在運用言辭時，犯有四種毛病，即「㈠詞義不夠穩定，界說極不分明。㈡引用現有之名詞及成語，常隨意變更其涵義。㈢列舉之證據雖多，但大多不夠眞切。㈣譬喻之字詞太多，因而涵義亦顯得廣泛。以上四端，合成言詞上之模稜、游移、曖昧，虛泛之結果，正是此書所以不易理解之癥結所在。」

37.劉勰之本體論　簡翠貞　學粹　12卷5期　民59年8月15日

　　作者於結語數句，頗能開示本文之論旨。云「五篇之中，一言以蔽之；稟經酌雅也；鎔鑄經典之範，翔集子史之術，洞曉情變，使辭奇而不黷；曲昭文體，使意新而不亂，體裁類別，創作規範及批評理

障，皆由此演繹而出，此彥和所以不憚其煩，籠圈條貫，唯經聖是歸，而與〈明詩〉以下各篇立意迥殊之緣由也。」

38.關於文心雕龍的幾點意見　王夢鷗　圖書季刊　1卷2期　頁1-16　民59年10月

作者關於《文心雕龍》之創見，提出四點：㈠詩歌分野的體會。以爲彥和不但對詩歌有兼容「顯」與「隱」的雅量，同時似還體會到『詩』與『歌』的語言是不應相同的。㈡構辭活動的二層觀。其本意在將『心』『言』文分作兩層講，一層是『心既託聲於言』，一層是『言亦寄形於字』，㈢字詞新變索源。即依劉勰說的增字方法，多從『假借形聲入手』。㈣構辭法與文體之嬗變，闡明彥和所提『詭』『訛』二字之隱義。

39.劉勰宗經「六義」試詮　王夢鷗　中華學苑　6期　頁37-50　民59年9月

全文分爲四節：一、說明六義是經典的六項特色，二、引《文心雕龍》其他篇章以詮定六義中「情」、「風」、「事」、「義」、「體」、「麗」等字的義涵。三、六義是劉勰對經典的見解，回應正言、體要之語。四、論經典爲文之極則，各體文章的根源，以導引其文必宗經的理想。作者從「爲文用心」的角度，探討「六義」在文章上所表現的效果。

40.玄學與神思　施淑女　淡江中文系文心雕龍研究論文集　頁1-32　民59年11月

本文共分五目：㈠緒論，㈡魏晉六朝的文風和玄風，㈢玄論形神生滅論與劉勰對神氣之執著，㈣虛靜積學與神思，㈤神思之理論與實

際。作者以爲《文心雕龍》成於概念化之山水與名理極盛之時代，而劉勰提出〈神思〉一篇，意在將陷溺於山水和名理之辭鋒理窟之作風糾正過來，以期後世學者秉心養術，寫出有深度之作品。

41.文心雕龍五十篇贊語用韻考　韓耀隆　淡江中文系文心雕龍研究論文集　頁33-70　民59年11月

作者撮取《文心雕龍》五十篇贊語之韻腳，加以歸納，得出五十篇用韻之實際情況，即㈠每篇贊語四字八句，偶句入韻。㈡五十篇押平聲韻者九篇，押上聲韻者十二篇，押去聲韻者二十篇，押入聲韻者六篇，上去通押者三篇。㈢在同用諸韻中，元魂、幽尤、吻隱、養蕩、琰忝、檻姥、隊代、翰換、葉帖、業之等，切韻雖分韻，而南北朝可通押。侵覃、嶝董，雖南北朝詩人無同用者，而彥和卻通押。梗迥勁（即平聲之庚青清）三韻切韻分立，彥和與此同。沒、點切韻有別，南北朝詩人無此二韻同用之例，但彥和同用。㈣由韻腳之研究，可爲校正字形之佐證。

42.空海的文鏡秘府論與文心雕龍的關係　黃錦鋐　淡江中文系文心雕龍研究論文集　頁71-84　民59年11月

本文首叙空海生平，次言劉勰與空海文學觀念之相同，而創作論方面兩人互有出入。結論中作者云：「大體而言，《文鏡秘府論》是根據《文心雕龍》之觀念而寫。如《文心雕龍》分文章風格爲典雅、遠奧、精約、顯附、繁縟、壯麗、新奇、輕靡八體；《文鏡秘府論》分屬博雅、清典、綺艷、宏壯、要約、切至六體：即據《文心雕龍》所舉之八體而稍事更易，去新奇、輕靡二體。其次就寫作對象言，二書步履點復一致，均爲初學而設，重視寫作規範。惟《文心雕龍》於各種文體之演變得失，以及創作過程，能自成系統，成一家言。故章

學誠譽爲『體大慮周，籠罩群言』。」

43.文心雕龍用易考　王仁鈞　淡江中文系文心雕龍研究論文集　頁 85-144　民59年11月

作者以爲《文心》之作，籠罩群言，牽涉逐多，如全盤著手，恐曠日怠時，缺乏成效。於是檢繹全書，引《易》立說者殆十之八九。再以彥和處於道釋日熾之齊梁，若言宗經，唯《易》最盛；時風所被，允成擅場，乃多方研慮，憬然以爲發端文心，蘊育彥和之志者，或爲《周易》，遂爬梳捃摭，採其引述，爰得一百四十二條。其中或引申，或雜糅，或化用，或約言，或假其義，或用其事，或析說論證，或套用成詞，或掇詞以造語，或摭象以立義，似皆各有規條，紊然有序。

44.文心雕龍論詩　胡傳安　淡江中文系文心雕龍研究文集　民59年 11月

全文共分四目：「一緒言，二劉勰的詩論，三對詩人的品評，四結語。」四目之中，以劉勰的詩論，爲作者行文之重點，胡氏自謂「《詩經》是我國最古的一部詩歌總集，也是我國純文學的鼻祖。所以欲言文學，則必須從詩開始，欲談詩則更須自《詩經》發凡。故劉勰論文體首以『明詩』開端。他對詩之主要見解，大部分也在〈明詩〉篇裏表白。茲以詩的定義，詩的起源與體裁，詩的流變，以及詩的風格等項，縷陳彥和對詩的看法」。

45.劉勰對辭賦作家及其作品的觀點　傅錫壬　淡江中文系文心雕龍研究論文集　頁185-228　民59年11月

作者自謂「本文是本乎劉勰論文體的體系而作，欲單從辭賦一文體中，探討劉勰的觀點，並作適度的批判。」中分六節：「(一)緒論。

㈡賦的字義與詩。㈢賦的演變與騷。㈣賦的特色。㈤賦與其他文體的關係。㈥劉勰筆下的辭賦十傑八首。」

46.文心雕龍的文學審美　王　甦　淡江中文系文心雕龍研究論文集
　　頁229-248　民59年11月

　　本文首論彥和寫作《文心雕龍》之動機，次由五方面分言《文心雕龍》之文學審美。即「㈠自然美。㈡眞實美。㈢聲律美。㈣氣勢美。㈤辭采美。」條理清晰，徵引博洽。以彥和之言，逆彥和之意，平實中肯。文末作者復強調文學審美與文學批評之關係。

47.從文心雕龍看傳統與文學創作的關係　唐亦璋　淡江中文系文心
　　雕龍研究論文集　頁249-355　民59年11月

　　作者以爲重估傳統之價值，開創文學創作之正當途徑，乃彥和文學思想之特徵。因而作者由以下五方面展開剖析：「㈠從傳統中推溯文學之本原，以陶養文學之性靈。㈡從傳統中斟酌情理之表現，以充實文學之才華。㈢從傳統中衡定文章之體製，以瞭解寫作之規格。㈣從傳統中審察文體之發展，以開拓通變之途徑。㈤從傳統中揣摩文辭之功能，以嫻宥修辭之技巧。」

48.文心雕龍之文論重點　李曰剛　文風　18期　民59年12月

　　本文首敍彥和生平，次分論《文心雕龍》寫作之體例。以爲《文心雕龍》之價值，絕不僅在宗經，而是透過宗經之神聖外衣，獨立創造發展成一系列之文學批評觀點，其主要者有以下四事：「㈠開創用歷史眼光以分析評論文學之觀念。㈡從不同角度闡發質先於文，質文並重之文學主張，全面說明文學內容與形式之關係。㈢從創作各環節各方面總結其創作經驗。㈣初步建立文學批評之方法論。」文末復略

論《文心雕龍》之理論，對唐以後之作家、批評家之影響。

49.劉勰的文原論　莊雅州　文風　18期　民59年12月

　　本文首明寫作之動機，在因論文而探原，由探原而道古，次分述彥和文論之內涵，云「立論之動機在㈠矯時病。㈡尊文體。思想方面在㈠祖述儒家之實用思想。㈡雜糅老莊之自然主義。㈢則法漢、魏、兩晉之批評精神。其基本內涵：㈠立本。㈡清原。文原論之影響：㈠文藝哲學因而建立。㈡文學道德之檢討。㈢創作風氣之轉移。」作者復將所論勒成一表，闡明整體之理論架構。

50.「文心雕龍」英譯本序言　施友忠著梁一成譯　書和人150期　頁1-5　民59年12月12日

　　本文討論劉勰著《文心雕龍》的靈感根源。作者從古典理論的最高地位「詩言志」論起，歷述《尚書》、孔孟荀、揚雄、王充等人的論點，說明經典中的道德為何永遠被視為文學價值的標準。而另一方面來源得於莊子的「神」論，至曹丕的「氣」論，卻使文學鑑賞由道德的說教變為審美的純文學自覺。文章中間亦把時代人物的論點加以闡述，說明不同於古典主義審美的創造性。

51.英美學人對施友忠教授英譯「文心雕龍」的評價　梁一成譯　文壇　128期　頁10-12　民60年2月

　　施友忠的英譯本《文心雕龍》是具有開荒的精神。但其缺失亦在所難免，尤其是語言間的轉譯。本文作者（美國）James R. Hightower針對譯本中的一些疏失進行檢討。首先是針對一般讀者的需要，本文對譯本前三十五頁序論的價值及對讀者產生的困惑作說明，並以為譯本未能把《文心雕龍》提要鉤玄譯出，只在翻譯中提出許多摘抄

或採用推衍原文形式說出或以解釋形式譯出。其次探討此譯本對職業漢字學者的需求。作者所取的例證皆是根據首頁，認為例證的翻譯、解釋、附注均未能掌握劉勰原義。文末雖佩服其翻譯勇氣，但對其譯本草率態度，如版本說明，技術上過於輕率、速出等表示惋惜。

52.文心雕龍英譯本再版序　鄭　騫　書和人156期　頁1-2　民60年3月6日

作者先述《文心雕龍》的價值與翻譯的困難和必需，再談其與施友忠及此譯作的因緣際會；此譯本已交由臺灣中華書局再版印行，並改為中英對照，可省檢閱原書的麻煩，而初版偶有疏失的地方，亦已做了修訂；最後總說這部《文心雕龍》譯本，不僅能將此部鉅著介紹給西方學者，對於本國學人閱讀古籍，也具有啓發的作用。

53.從「文心雕龍」談起　思　兼　純文學　9卷4期　頁7-14　民60年4月

此作係針對臺灣大學外文系主任兼研究所主任顏元叔先生而發。顏氏因曾應幼獅文藝社之專訪，發表其對中國當代文學批評上之意見，其中關涉《文心雕龍》部分，頗有微詞。特著文駁其誤謬。文中數徵李曰剛先生《文心雕龍斠釋》之說為據依，皆確鑿可信。

54.從辨騷篇看「文心雕龍」論文的重點　王夢鷗　中華文化復興月刊　4卷5期　頁3-4　民60年5月

《文心雕龍》牽涉問題雖廣，但著者所最關心者仍不外乎文章作法。關於言文章作法，要其旨趣，作者以為只有「還宗經誥」四字，因而論斷「《文心雕龍》論文的重點所在，亦不過為看他那時代的貴游文學而作有限度的矯正。」

55.從「勢」字看「文心雕龍」之作　蕭毅虹　中文季刊　頁14-15
民60年5月

　　本文由時代文風與作者才性，提出「《文心雕龍》之成，勢也」的論點。六朝文學持重外形的侈艷纖巧及聲律技巧上的極端唯美，在競奇爭巧中失去立文之本源，是故劉勰作《文心雕龍》的主要動機，即是為華靡文風下一帖治本良藥。此外，六朝時期作品日豐，文體益備，文學批評理論也急待創建與整理，憑彥和之高才廣識，《文心雕龍》亦應運而生。所以，劉勰及其《文心雕龍》的形成，正是個人才性與時代環境相契合之「勢」也。

56.文心雕龍體性篇中的八體　鄭　蕤　臺中師專學報　1期　頁117-
128　民60年6月

　　「文如其面」，「文章之風格，本乎作家之性格」，求之古今著述，斷斷不爽。作者即依據《文心雕龍‧體性》篇彥和「總其歸途，數窮八體」之語，追溯作家表現之才情、精神、風格與內蘊。文中又別考皎然詩式十九字言詩境，司空圖二十四品言詩味，而得出劉氏之八體，是一種意味境界的創意；而此等境界與創意又主要決定於自我情性，情性之主要元素，乃才、氣、學、習四則內情與外染之結合。

57.宗經徵聖與劉勰　華仲麐　孔孟月刊　頁29-32　民60年7月

　　作者以為文學宗經徵聖的觀念，與儒家思想及六藝流別有密切關係；而合經史文學於一爐者，在劉勰之前可謂前無古人。其次，此書是體大思精，有理則系統之鉅著，除從文辭章句加以研究外，亦不能忽略其思想淵源和組織系統，故作者由彥和生平及著作時代談起，再舉以〈序志〉、〈原道〉、〈徵聖〉、〈宗經〉各篇，表明彥和著書堅守儒生本份，並以宗經徵聖為宗旨，以達羽翼經典、辨章學術的目

的。

58.文心雕龍對於中國文論的影響　王韶生　民主潮　21卷10期　頁8-11　民60年10月

　　《文心》成書，一方面彌綸群言，深極骨髓；一方面機杼獨運，時有勝解，故作者論《文心雕龍》之影響，則斷自唐宋以後，並由原理、創作、體貌三方面分別引申。於結論中作者自謂：「以上雜引唐宋以迄晚清各家文論及專書，和劉勰所著《文心》各篇互相發明，希望增加我們研究範圍，擴大我們的視野。」

59.文心雕龍風骨論　王更生　中山學術文化集刊　8期　頁671-708　民60年11月

　　〈風骨〉篇是《文心雕龍》創作論之一，尤其劉彥和行文定篇有前後銜承之例，故作者就《文心》論創作藝巧之過程上看，本篇是極端重要之一環，而自來言風骨者，仁智不同。因此作者特徵引黃季剛、范文瀾以下十五位文家之意見，由各種不同角度探索「風骨」之精義。文末殿以六朝風骨之評估，結論中作者期望學者由《文心雕龍》學理之研究，折衷至當，賦予新的生命力，進而喚醒文家之自覺。

60.文心雕龍專書研究緣起　李曰剛　文風20期　頁1-4　民60年12月

　　作者首言《文心雕龍》為我國最早且最完整的文學評論專書，感於種種研究上的困難，故冀作有計劃之集體研究，以完成理論體系的建立。次言欲達之七項目標：校勘上，要「集斟疑文、恢復本面」。注釋上，要「廣注難詞、打破理障」。解析上，要「詳析題材、發揮義蘊」；「散文直解、疑通致遠」。翻譯上，要「口語譯白、普及大眾」；「外文翻本、交流國際」。最後，則在前項基礎功夫上，進行

深入探討，「綜合研究、擴展成果」。

61.評施友忠撰「英譯文心雕龍」　沈　謙　文風20期　頁53-62　民60年12月

全文先簡介施友忠及其《英譯文心雕龍》的背景與成書經過，並略舉其影響與歐美學界的評價；接著即由三方面來評介此書：一譯本的體例，除本文外，書首有簡要自白，及一篇介紹中國文學批評史的長序，書末附有字彙表及索引，大致上已屬完備，但忽略了對《文心雕龍》的內容分類及讀法提示；二所根據的底本是開明書局印行的范文瀾《文心雕龍注附校記》，但此本謬誤不少，實爲百密之一疏；三談施著的翻譯技巧，兼採意譯、直譯、或直接拼音等方式，雖在翻譯時難免碰上「文障」與「理障」的困難，但此書仍有其一定的貢獻和價值。

62.文心雕龍知音篇探究　王讚源　中華文化復興月刊　4卷12期　頁27-28　民60年12月

《文心雕龍·知音》篇，乃解說知音難逢之原因，以及提示尋覓知音有效途徑之一篇佳構。本文內容共分五節：即一知音難遇之原因。二肯定鑑賞之可能。三品鑑之途徑。四文學品鑑之重要。五批評。作者對《文心·知音》篇之批評理則曾有三點諍言：「㈠混淆欣賞與鑑賞之層次。㈡忽視作家本身之因素。㈢作品阻礙知音之物理缺陷。」

63.文心雕龍定勢篇申論　沈秋雄　圖書季刊　2卷4期　頁35-42　民61年4月

作者以爲「氣勢」奧渺難分，勉強區別，則氣側重作者之蓄積而言，勢側重作品之辭調而言，故氣須加涵養。既而歷徵〈定勢〉篇之

范注、黃札、劉校之釋勢，以爲三家辭雖或異而義實相成。然而三家對「文體」之義均無眞解，蓋誤以文體爲文類也。究本文內容，略分六節：「㈠序論。㈡文勢與文體。㈢文勢與時代。㈣文勢與作者。㈤文勢與文類。㈥結論。」

64.文心雕龍體例考辨　廉永英　女師專學報　1期　頁43-64　民61年5月

作者本《文心雕龍・序志》篇「蓋文心之作也」，至「上篇以上，綱領明矣」一段文字中之「原始以表末，釋名以章義，選文以定篇，敷理以舉統」四句爲根據，以爲「原始以表末」者，論文體之沿革也。「釋名以章義」者，紋文體命名之涵義也。「選文以定篇」者，舉各體之範文也。「敷理以舉統」者，析各體之風格也。斯乃《文心》撰述之體例，故雜引《文心》各篇之文相證。

65.文心雕龍時序篇研究　賴明德　國文學報　1期　頁205-210　民61年6月

此文嘗以四言二句鉤出一段文字之大意，如論文學之內涵曰：「感物吟志，覘見盛衰。」論文學與時代之關係曰：「時運交移，質文代變。」論堯舜時代之文學曰：「德盛化鈞，心樂聲泰。」論建安文學曰：「世積亂離，梗概多氣。」於齊梁文學則曰：「颺言讚時，請寄明哲。」

66.文心雕龍神思篇疏釋　唐亦男　成功大學學報（人文篇）　頁161-184　民61年6月

本文寫作體例大致是將正文逐句以粗字列於前，接引各家之說，如黃叔琳《文心雕龍注》，楊明照《文心雕龍校注》，范氏《文心雕

龍注》，黃侃《文心雕龍札記》，紀昀《文心雕龍評》，王利器《文
心雕龍新書》等六家，並以細字排比於正文之後。然後再殿以案語。
案語歷引經、史、子、集之成說，與西洋文論相對勘。

67.文心雕龍神思篇中「虛靜」二字境界的探討　鄭　蕤　文心雕龍
論文集（臺中光啓出版社）　民61年6月

　　作者以爲「虛是意境上浩瀚的擁有，求私欲的祛除，有無限的包
容；靜是思想中浩浩蕩蕩的醞釀，求精神的暢達，而後有生命的泉湧。」
須知彥和言虛靜即孟子「勿忘，勿助長之意」，並非道家的寂然不動。所
以有「疏淪五臟，澡雪精神」之說。

68.試論文心雕龍與昭明文選在文學體類上的區分　鄭　蕤　文心雕
龍論文集（臺中光啓出版社）　頁46-71　民61年

　　作者由《文心雕龍》成書時間在《昭明文選》以前，昭明太子雅
好文學，故《文選》分類取法於《文心雕龍》，自爲當然現象。其次
以劉勰與昭明性喜相同，長於佛理，故在見解上《文心雕龍》可能予
《文選》體類上一某種影響。再以《文心雕龍》與《昭明文選》在文
學觀念上相同，故推知劉勰可能予《昭明文選》必然之影響。

69.試論陸機的文賦與文心雕龍　鄭　蕤　文心雕龍論文集（臺中光
啓出版社）　頁72-109　民61年6月

　　作者以爲劉彥和於《文心雕龍·序志》篇曾評陸機《文賦》「巧
而碎亂」；然兩者之異，多由乎彼此之寫作體裁與寫作重點不同，故
研究《文心雕龍》，首應追討其與《文賦》之關係。鄭氏即根據此一
立場探究《文賦》、《文心雕龍》二書相互發明之處，詳加甄擇，共
得二十七條。

70.**文心雕龍體義箋證**　廉永英　女師專學報　2期　頁189-202　民
　61年8月

　　作者就《文心雕龍》中「體」字用法，博搜箋證，明其要義有四，
曰體性，曰體骨，曰體式，曰體勢。並以為體性之體，蓋文學風格論；體
骨之體，為文學體裁論；體式之體，乃文學之修辭論；體勢之體，乃
文學之聲律論，由彥和通書之造語用詞，以探究《文心雕龍》之文義。

71.**文心雕龍序志篇研究**　王瑞生　學粹　14卷5期　頁26-27　民61
　年8月

　　作者以為書之有序，所以明作書之旨也，故紀曉嵐評《文心雕龍
・序志》篇曰：「此全書之總序，古人之序皆在後，《史記》、《漢
書》、《法言》、《潛夫論》之類，古本尚斑斑可考。」故知〈序志〉一
篇所以總撰全書，長懷寄遠，而歸本於羽翼經典，辨章學術。細究本
文內容，約可析為四端：「一曰說解書名之命意，二曰自敘撰述之動
機。三曰綜言本書之體要，四曰闡明立論之根據。」

72.**劉勰的宗經論**　鄭明娳　中華文化復興月刊　5卷9期　頁63-65
　民61年9月

　　作者於本文開始即云：「《文心》一書，最基本的理論是文原論，
而〈原道〉、〈徵聖〉、〈宗經〉三篇又為文原論的主幹。原道、徵
聖都是理論上的敷衍；而其結果都歸源於宗經，所以宗經最具體，也
是文原論之基幹。因此筆者提出〈宗經〉篇來討論，探索過去宗經的
淵源、要旨及影響。鑒往知來，期能對現代文學有所啓發。」

73.**由辨騷篇看劉勰的文學創作觀**　張淑香　幼獅月刊　37卷1期　頁
　4-14　民62年1月

作者基於創作觀與批評觀的密切關聯，從批評的立場出發，以《楚辭》與經典的四同四異為基礎，提出所謂「文質有機論」的批評原則，「質」是指合乎經典的「體要」與「方言」；而「文」則是指異乎經典，在「抒情、想像、騁辭」上的藝術要求。作者並詳舉《楚辭》本文與劉勰的批評相印證，從而得出「藝術的創作觀」為結。

74.文心雕龍的程器論　李正治　文風　22期　民62年1月

作者程器論共分五節：「㈠〈程器〉篇在《文心》中之地位，㈡〈程器〉篇的時代性，㈢提倡文德並重，㈣文學與作者修養，㈤結論。」並云：「〈程器〉篇談文學與作者修養之關係，是深具時代性，而又深契乎中國文化之重德精神。彥和獨立齊梁，洞燭當代文學之弊端，站在文學立場，向時代發出真誠呼籲，藉以提振文士的清剛之氣。

75.劉彥和先生年譜稿　王更生　師大國文學報　2期　頁291-312

民62年4月

作者以編年體方式通貫全篇，即以年代為主軸，緯線則錄有劉勰當年大事，並於大事之中，考異校訂，以說明年譜定年的依據。

76.文心雕龍史傳篇的考察　王更生　德明學報　1期　頁171-180

民62年5月

本文共分九節：「㈠史官建置與史學演進，㈡闡明史著的義例，㈢揚搉史書的利病，㈣依經附聖的思想，㈤史家責任與著述目的，㈥學以練事的強調，㈦史料的整理與鑑別，㈧綜論史法四原則，㈨結論。」作者於結論中歸納劉彥和在史學方面之成就時，云「劉彥和皆能針對當世史家好奇反經之流弊，援引《春秋》經傳以及馬班《史》、《漢》之既有成就，由史德、史意二方面植基，然後逐類旁伸，構成其尚具條

理，而且是空前未有之史論。進而以其自爲法，去評騭全部史學名著。辭簡而意賅，條析而流別，雖紀昀評其史事非當行，但〈史傳〉篇之論史，係由經學言及史學者，尤其劉氏立義選言，宜依經附聖之說，爲千古不易之典要。」

77.文心雕龍原道第一會箋　廉永英　女師專學報　3期　頁147-190　民62年5月

本文箋釋之體例，先照錄《文心雕龍・原道》篇原文，再就篇題、文句、贊語，逐句詮釋，詮釋之方式，先排比各家之說，然後再殿以案語。所引各說，其中包括范文瀾《注》、楊明照《校注拾遺》、劉永濟《校釋》、黃侃《札記》、張立齋《註、訂》、饒宗頤《集釋》、黃叔琳《注》、李詳《補注》、王利器《文心雕龍新書》，間亦引朱東潤《中國文學批評大綱》，熊公哲《劉勰評傳》語，末附案語。

78.泛論劉彥和文學思想　曾為惠　師院文萃　10期　頁32-34　民62年6月

作者以爲劉勰不是古典主義者，僅是託古改制，從〈體性〉篇八體反證他沒有古典特殊風格與樣式，更有法古求新的精神，甚至是浪漫主義與超現實的表現。此外，劉勰也是著重文學發展而立論，說明文學有嬗遞之發展，也受那一代思潮影響。而劉勰已隱約提到文學作品必須主題正確才能發而爲文。

79.劉彥和筆下的子學　王更生　教育與文化　407期　民62年9月

本文主要在就〈諸子〉篇爲討論範圍，以研究劉彥和之子學思想。結論中有云：「總結所論，彥和之意，大抵揚戰國而抑漢、晉。戰國諸子，學有所本，文非苟作，漢代已遜其弘深，魏、晉尤難於比數。

尤其《昌言》以下，大部均是務切時要之作，別無創解，未壓研求。故彥和之述此篇，於諸子之定義，秦漢學術之演進，辨眞別僞之態度，經子合流之思想，以及論文兼及子學，無文筆門戶之見，皆爲承先啓後之傑構，紀曉嵐評其泛述成篇，不見發明，實是執一隅而擬萬端，豈公論哉！」

80.談日譯《文心雕龍》　沈　謙　中華日報　9版　民63年2月9─10日

　　作者以爲此書之特色有三，即「㈠箋註詳明，題解清晰。㈡解說深入，詳述中肯。㈢附錄多種，參考價高。」文末以爲「如果我們能突破《文心雕龍・知音》篇所論『貴古賤今』，『崇己抑人』的批評蔽障，來看這本書，就會發現日本學者對中國古籍所下的功夫，確實有值得我們借鏡與反省的地方。」

81.文心雕龍版本考略　王更生　國立中央圖書館館刊　7卷　1期　頁91-104　民63年3月

　　本文之著述動機，作者自云：「研究《文心雕龍》，首重文字之校勘，而文字之校勘，必以古本爲依據。本文著述之動機，即在就此略竭棉薄。」作者考得《文心雕龍》手鈔本九種，單刻本十九種，評註本十三種，校本二十種，綜合各項，於唐宋明清之間，《文心雕龍》傳本可得而言者六十種是已。經荒歷亂，書經數厄，私家笈藏，秘不公開，故各本幸存而又即今可見者，十中不過二三。」又云：「雖然，書雖名亡而實存焉；如唐寫僅留殘卷，而劉子玄、陸德明、孔穎達、引述《文心》以立言者，尚屢見不鮮。宋本固無一存，但《太平御覽》、《困學紀聞》、《玉海》，以及文家詩話援引者，多不勝舉。明代校本十亡其九，而梅子庾音註，猶能擷其菁英，去其糟粕，是以學者得

我說而能更考前修之文，則於彥和《文心雕龍》本文之謬正，論旨之闡釋，自可晦而復明，怡然理順。」

82.近六十年來文心雕龍研究概況　王更生　中華文化復興月刊　7卷3期　頁7-14　民63年3月

此作者綜觀近六十年來《文心雕龍》研究的成果，先由於研究方法與觀念之改變，影響所及，致內容與思想亦隨之而變，由內容思想之變革，帶動寫作形式之改變，換言之，亦即由訓詁考據之讀經階段，過渡至分門別類研究之里程，使古典文論，透過科學分工之形式，與現代實際人生相結合，此一重大收穫，最堪欣幸。文中涉及國內外學者數十位，系統完具之專著與單篇論文百數種。

83.興膳宏日譯本《文心雕龍》評介　王更生　學粹　16卷1期　頁6-7　民63年3月

興膳君為日本國近年有數之學者，向以《文心雕龍》之研究蜚聲東瀛，一九六八年，即昭和四十三年譯註《文心雕龍》成，交東京都千代田區神田小川町筑摩書房株式會社發行，年前由日本郵購一冊，得覩該書原貌，故作者為答《學粹》雜誌編者之邀，特撰述本文，并作評介。

84.劉勰的賦比興說　古添洪　今日中國　36期　頁146-153　民63年4月

作者將賦比興區別為二類：《詩經》釋義所用；劉勰所主張則屬於原始技法的深刻藝術化。因文學環境的影響，劉勰分析漢賦、魏晉短賦，而新解賦為刻劃物的形態，藉以寫志。比則是以理，心理基礎切類的比附出表現主物的特色。至於興則是由景起情，是依微，是環

譬的。但劉勰又在舉例時受分析對象《詩經》與漢儒解經干擾，和起情說的理論相違。

85.《文心雕龍》之想像論　黃春貴　中華文化復興月刊　7卷4期　頁30-33　民63年4月

本文共分四節，首言文之思也，其神遠矣；二、思理爲妙，神與物遊；三、陶鈞文思，貴在虛靜；四、博練平日，順應臨時。作者根據《文心雕龍・神思》闡發劉勰的想像論。首節論想像之重要性。二節論寫作運思之要點，在消除物我之距離，使情景交融。三節謂作家須守靜致虛，心神始能與靈感默契。四節論想像全賴眞積力久，平日須「積學」、「酌理」、「研閱」，始能增強想像，臨文則須「馴致」，始能樞機暢通，想像無礙。

86.劉勰〈知音〉篇之研究　田鳳台　東方雜誌　12期　頁15-20　民63年6月

作者以爲在文評論四篇中，唯有〈知音〉篇能條貫立準，始終如一，是《文心雕龍》文評論首要之篇。進而圖示內容綱領大要，並逐條剖析，由論文難知，論批評者之病，論評文素養及準則，賞文之要，更藉餘論點明時運交移，今日論文，更需取〈知音〉篇之長，補其所未見，就作品、讀者、客觀環境，世異語變，簡編朽絕等多方論證。而黨同伐異有時更烈於個人相軋，評文用語的複雜也使〈知音〉難解。

87.《文心雕龍》研究的回顧與前瞻　王更生　中華文化復興月刊　7卷7期　頁70-75　民63年7月

本文於前言中，略論《文心雕龍》在中國文學批評史上的地位與本文寫作動機時云：「《文心雕龍》自成書至現在，已有一千四百七

十多年的歷史了。歷代研究的學者專家也爲數不少，不過因爲每一個時代的社會背景，學士習尙，研究風氣的不同，對《文心雕龍》的需求看法和做法，也就發生了相當的差別。所以我們在這個文運日新的時代，把一千四百多年來對《文心雕龍》研究發展的成績，作一次通盤的整理與分析；然後再擷取前人已有的經驗結晶，加以昇華提鍊，作爲今後鑽研《文心雕龍》的坐標，去展望未來，這對我國傳統而偉大的文學批評來說，是急切需要極富意義的事。本文就是基於這個動機而寫的。」

88.《文心雕龍》評述　沈　謙　幼獅月刊　40卷1期　頁2-12　民63年7月

　　本文除前言之外，分九大綱領評述：「㈠劉勰傳略。㈡寫作背景。㈢文論體系。㈣文原論。㈤文體論。㈥創作論。㈦批評論。㈧《文心》推評。㈨研究瞻望。」文長二萬餘言，筆者文末自署係六一年夏初稿，六二年秋再稿。由於文中敘事說理平實中肯，實足供初學者進研《文心雕龍》之需。

89.從中西觀點看劉勰的批評論　陳慧樺　幼獅月刊　40卷　1期　頁13-16　民63年7月

　　作者在前言中云：「《文心雕龍》全書五十篇，其他四十六篇不是談文學理論，就是談創作方法。只有〈指瑕〉、〈才略〉、〈程器〉和〈知音〉篇是文學批評。〈指瑕〉挑出作品的瑕疵，〈才略〉討論作家獨特之風格，〈程器〉認爲個人的品德應與作品分開。劉勰的理想是通才，即文武全材。知音篇闡釋批評原理。本文的重心放在《知音》篇，想從比較文學的觀點，來看看中國的文學批評，以及往後可能做的一些努力。」

90.《文心雕龍考異‧序》　張立齋　國立中央圖書館館刊　7卷2期
　　頁95　民63年9月

　　《文心雕龍考異‧序》一文作者張立齋，刊載國立中央圖書館館刊，內容略述《文心雕龍》一書的版本變異，傳本的收藏，並列舉唐寫本中謬誤數條，並說明作者考異心跡與經過。

91.中國文學中的氣的問題─《文心雕龍‧風骨》篇疏補　徐復觀
　　中國文學論集〜學生書局〜　民63年10月

　　本文共分十五節，三萬餘言，牽涉範圍極廣。徐先生之立論重點可在其三點結語中稍知端倪：㈠由氣在文學藝術中的提出，而人與文學藝術互相連結的通路，得以具體地把握。㈡由氣的把握，對文學中的個性問題，才可澈底加以說明。㈢由於自覺到氣在文學藝術中的作用，故欲提高作品境界，必先養氣。作者以為歷來學者少論〈風骨〉篇。至於〈神思〉、〈體性〉、〈通變〉、〈定勢〉、〈附會〉、〈總術〉各篇，皆彥和論文精神之所寄。除〈神思〉篇前人尚曾提及外，其餘各篇，似乎均無解人，更遑論發生影響矣。

92.《文心雕龍》樂府論研究　陳糜珠　淡江學報（文學部）　13期
　　頁399-420　民64年1月

　　本文作者詳紋樂府的定義、源流及樂府與詩、騷、頌贊等文體的關係，並以文學史的眼光，闡述歷代樂府之嬗變，從而論及《文心雕龍‧樂府》篇的代表人物，以印證劉勰篤實、匡正、客觀的論述精神及樂府觀，進而說明樂府的價值與影響。

93《文心雕龍》神思論　曾一慈　臺北商專學報　5期　頁32-39　民
　　64年4月

　　作者依神思之要妙、神與物遊、養心秉術、博見貫一四要點，闡述《文心雕龍》之神思論，指出〈神思〉篇旨在示人以創作之法，教人如何進行構思和培養想像，如何寫成優美篇章，使學者由淺而深，有脈絡可尋。作者強調，法雖不可或缺，而尤不可拘泥。

94.《文心雕龍》中的經學思想　王更生　暢流半月刊　51卷7期　頁12-17　民64年5月16日

　　文章從七個方面論述《文心雕龍》的經學思想：一、讚聖述經的寫作動機；二、百川滙海的〈宗經篇〉；三、以衛道爲主的〈正緯〉與〈辨騷〉；四、由五經衍生的文體論；五、依經樹則的修辭觀；六、從經學出發的批評理則；七、劉勰是古文經家。結論指出，研究《文心》須自經學思想入手，方能舉網提綱，收事半功倍之效。

95.試探《文心雕龍》在中國文學史上的地位　王更生　師大學報　20期　頁61-73　民64年6月

　　文章論述八大問題：《文心雕龍》五十篇之分類，持論的要旨，劉勰著述《文心雕龍》的動機，《文心雕龍》成書與佛教，《文心雕龍》的缺點、研讀門徑、對學術界的影響、評價等。作者在結論中指出，各文學史料對《文心》在學術上的價值與地位推崇備至的原因，實由於它不僅盡到了矯正六朝文弊的責任，同時也爲文學進步的方向預立一條寬廣而有系統的指標。

96.《文心雕龍·鎔裁》篇疏釋　陳　拱　宇宙　5卷7期　頁22-23　民64年7月

　　作者疏釋《文心雕龍·鎔裁》篇計四十二條，除單字、詞義解釋外，並有句意與各句關聯的說明，往往先述前人之說，後陳己見。作

者認爲本篇所以名爲鎔裁者，要在明示如何規範偏長之意，與剪截浮蕪之辭；鎔之爲術，就文意言即命意，就篇章內容言即結構，二者之旨各有所當，異名而同實。所謂鎔者，即結構之術；裁者，即剪截浮辭也。

97.文評中的子書，子書中的文評─讀《文心雕龍》劄記之一　王更生　書評書目　33期　頁34-36　民65年1月

作者敍述《文心雕龍》在歷代史志，私家藏目著錄概況，得出其「出入子史」類聚群分截然不同的結論。作者認爲，在魏晉六朝釋老並興儒學消沈的時代，劉勰不惜作時代的反動，挽狂瀾之既倒，託體孔子，推本經籍，毅然別闢蹊徑，衡論古今文理，可謂既入乎經典之中，復出乎經典之外，不是「文學批評」一詞所能範圍的。

98.《文心雕龍·聲律》篇疏釋　陳　拱　宇宙　6卷2期　頁21-23　民65年2月

作者疏釋《文心雕龍·聲律》篇計五十五條，其「聲律」條詳述劉勰所處文學背景與沈約四聲八病之說，並駁斥郭紹虞《中國文學批評史》將沈約「宮羽相變，低昂舛節」之語與本篇「和」、「韻」比附之非。作者認爲，四聲八病之說盛於當時，而〈聲律〉篇竟無隻字相及，恐彥和已悟八病之病也。

99.學兼中印，出入儒釋─讀《文心雕龍》劄記　王更生　書評書目　34期　頁51-53　民65年2月

文章簡述《文心雕龍》作者劉勰家世與生平，推考《文心》之作當在彥和篤信佛教之前，故書中以儒家思想爲主導，理所當然，後人以彥和皈依釋氏，遂存《文心》必受佛典影響之成見，強以佛理附會，實

失持平。作者強調劉勰師事釋僧佑，協助整理經藏十餘年，已成學貫中印之名家，不惟《出三藏記》、《世界記》、《釋迦譜》、《法苑記》、《弘明集》存其手澤，南朝佛經三次大規模的校理工程，彥和更居功厥偉也。

100.如何研讀《文心雕龍》　王更生　學粹　18卷1、2期　頁19-23　民65年4月

　　文章先指出研讀《文心雕龍》的順序和方法：首讀〈序志〉知其概論；次讀卷一〈原道〉等五篇，知其文學本原論；次讀卷二至卷五〈明詩〉等二十篇，知其文學體裁論；次讀卷六至卷九〈神思〉等二十篇，知其文學創作論；最後讀〈時序〉、〈才略〉、〈知音〉、〈程器〉等四篇，知其文學批評論。其次，介紹重要參考資料：黃侃《文心雕龍札記》、范文瀾《文心雕龍註》（增訂本）、楊明照《文心雕龍校注拾遺》、劉永濟《文心雕龍校釋》等十一種。

101.《文心雕龍》成書年代及其相關問題　王更生　中華文化復興月刊　9卷4期　頁71-73　民65年4月

　　文章論證三個重要問題：第一，劉勰《文心雕龍》成書於南齊之末，和帝中興元、二年（西元五〇一至五〇二年）；第二，由劉勰定林寺校經和感夢述作《文心》的前後關係，推得《文心》必是定稿於第一次校經之後，彥和對佛教的信仰尚未堅深以前；第三，從史傳與事實兩方面剖析，發現釋僧佑《出三藏記集》在思想、語法變化與詞彙運用上，均與《文心》雷同，足證當是彥和捉刀。

102.《文心雕龍·原道》篇疏釋　陳　拱　學術論文集刊　3期　頁27-50　民65年6月

　　作者將《文心雕龍‧原道》篇分爲三段：「文之爲德也」至「聲發則文生矣」爲第一段；「夫以無識之物」至「曉生民之耳目矣」爲第二段；「爰自風姓」至「民胥以傚」爲第三段；疏釋全文達七十條。其疏釋「原道」條一反黃侃《文心雕龍札記》以來之「自然」說，力倡劉勰所謂道乃「孔子之道」。文中先闢衆說之非，後陳己見之實證。

103.《文心雕龍‧體性》篇疏釋　陳　拱　宇宙　6卷7期　頁20-23
　　　民65年 7 月

　　作者疏釋〈體性〉篇計六十二條，於「體性」條特詳說之，分別探究「文體」、「情性」之來歷，結論劉勰以體性名篇，要在彰顯文體與情性之關係，明乎文體之所以出於情性，此實由汎而切，由疏而精，承傳統而轉進之，乃發展之明徵。彥和論氣，作者以爲實止一強、弱不同之生命力，並無質上之優劣，此蓋承曹丕而轉進者也。

104.《文心雕龍‧原道》篇的綜合思想　周弘然　中華文化復興月刊
　　　9卷8期　頁51-55　民65年 8 月

　　文章指出，《文心雕龍》富綜合思想，在於其首先把握一個「道」字，而其所把握的道即是在玄學影響下的《易經》之道，本身即富綜合思想。此尤顯見於〈原道〉篇多增飾《易經》語言以說明道與文的關係，並爲文學作了廣義的解釋。劉勰言人文時有「自然之道」語，言天文時亦有「蓋自然耳」語，可見其文學理論以自然爲根本觀念，是爲自然主義。彥和標舉自然，對當代文風之浮濫淫奇，可謂對症下藥，發揮了針砭作用。

105.《文心》發微　史墨卿　建設　25卷3期　頁33　民65年 8 月
　　作者以爲「文心」二字本是《文心雕龍》一書之簡稱，後人藉以

做了多種用途，如夏丏尊《文心》。作者感於「文心」二字，內涵深邃幽微，遂試爲蠡測其涵義，以發邃抉微。約而言之，有下列四點：(一)文生於心，(二)文成於心，(三)文必有心，(四)文以立心。「心」者，乃文章之中心意旨。作者以爲爲文立辭，若具有上述四端內涵，自是辭意相赴之血肉之作，必能頂天立地，光鑑日月。

106.《文心雕龍》的文體論　周弘然　大陸雜誌　53卷6期　頁22-28 民65年12月

　　文章指出，劉勰有限度的承認文筆之分，並依文、筆兩部論究文體，《文心》卷二、卷三〈明詩〉等十篇爲有韻之文，卷四、卷五〈史傳〉等十篇爲無韻之筆，且全書各篇正文敍事理，是「筆」，篇末有贊約舉盡情，是「文」。尤須注意者，乃劉勰自謂文體論綱領「敷理以舉統」一條，顯示其論述諸文體製作，係持中庸之道的綜合觀點。作者分陳〈明詩〉、〈史傳〉等二十篇綜合觀點的證據，認爲係彥和文體論超邁前人之處。

107.《文心雕龍批評論發微》序　周何　幼獅文藝　44卷6期　頁56-57　民65年12月

　　該文係作者爲沈謙著《文心雕龍批評論發微》作序。指出，《文心雕龍》乃中國首部文學理論與文學批評的專著，有組織體系的介紹，與理想重點的檢討，雖開山之作未能盡善盡美，然不掩其體大思精之光芒。作者強調，中國文學應有中國自己的理論分析路線與批評標準，沈謙著是書，展佈多年浸潤含咏《文心》之所得，適能爲中國文學理論研究之前途貢獻厥功。

108.當代《文心雕龍》著作述評　王更生　中國學術年刊　1期　頁

207-256　民65年12月

作者爲求同好者，折衷成說以資攻錯，故聚合當代有關《文心》之著述，上起民國八年黃侃《文心雕龍札記》，下迄六十三年李曰剛《文心雕龍斠釋》，共計二十六種。述評方式大致依原作出版先後爲序，首錄書名及作者姓氏，間敍各家簡歷，與該書出版或增訂之經過，而原作序例、跋語與原著旨趣相通者，亦擇要收於當篇之末。爲辨諸作之優劣，作者略事雌黃。學者研索此文，可省翻檢之勞，並知所津逮。

109.《文心雕龍》在中國古典文學批評上的價值　王更生　幼獅月刊
45卷2期　頁38-45　民66年2月

文章論述《文心雕龍》作者、成書背景、對我國古典文論的承襲、對當世文論的矯正、對後代學術界的影響諸問題，條理井然，義脈暢達。結論並概述《文心》研究近況，認爲因中西文化交流促成研究方法改變，學者以舊有校注、板本爲基礎，運用比較、分析、統計、歸納探討其文論思想，而內容分類亦漸有成果。作者強調《文心》上承中國學術思想統緒，下開後世文學批評先河，是最重要的文論寶典。

110.《文心雕龍》論批評原理　沈　謙　中外文學　5卷10期　頁4-31
民66年3月

文章從三方面敍述《文心雕龍》之批評原理：文原於道、質文並重、通古變今。在文原於道方面，由道之涵義、道之呈現入手，申述劉勰文原於道的理論，並澄清古文家文以明道所重在文，理學家文以載道所重在道，均非持平之見，而不出彥和文原於道之範疇。在質文並重方面，先敍爲文造情與爲情造文之偏頗，再述質文合一之兼美，舉郭晉稀說爲證，指出劉勰著述以質文合一爲準的。在通古變今方面，則謂劉勰崇古宗經，復能酌今貴創，而以通古變今爲文學批評極則。

111.《文心雕龍》論批評之態度與標準　沈　謙　中華文藝　13卷2期
　　頁32-51　民66年4月

　　文分批評態度與批評標準兩部分，探討《文心雕龍》的文評論。在「批評態度」中，首就反面立言，揭舉批評蔽障有三：貴古賤今，崇己抑人及信偽迷真。而文學批評不易公允恰當的緣故有二：一為文非形器，無識者不能知；識鮮圓該，偏好者有所囿。次由正面立論，闡明批評素養包涵：才、學、識。末則確立批評態度應客觀公正、深入熟翫、謙虛誠敬。「批評標準」更就〈知音〉篇的六觀：觀位體、觀置辭、觀通變、觀奇正、觀事義、觀宮商為整體觀察的評鑒。

112.《文心雕龍·隱秀》篇疏釋　陳拱　宇宙　7卷12期　頁22-23
　　民66年4月20日

　　作者採疏釋方式論證〈隱秀〉意涵，並言此篇於元時已殘缺，而補亡亦多偽託。舉證反駁黃氏《札記》另作新篇之謬，並以彥和殘篇與新篇互相比對細論之。主張彥和所謂秀者，乃篇中獨拔之體貌之體，篇外潛隱之體謂之隱，欲明獨特之文體，而標之曰隱、秀，此本篇之所以立也。惜其篇殘缺，而後人所補，即屬有得，亦不必真能盡彥和之精蘊。

113.《文心雕龍》之文論體系　沈　謙　幼獅月刊　45卷4期　頁70-
　　76　民66年4月

　　本文首論「寫作背景」，以時代、文學風氣與寫作緣由三方面言之。其次為「文論體系」，將五十篇析為全書總論、文原論、文體論、創作論、批評論，並列詳表以明。末為「文心權評」，擇採梁沈約、唐劉知幾、到黃侃等十三家之論，再以現代眼光檢視文心雕龍龍全書的優劣。

114.《文心雕龍·原道》篇疏釋　唐亦男　成功大學學報（人文篇）
　　12期　頁19-32　民66年5月

　　文中闡釋〈原道〉主要即在發明「文」原於「道」之義，並引用
紀昀、黃侃、范武揚、劉永濟、饒宗頤及楊明照等人的著作，分段加
案語。以爲〈原道篇〉在說明道與文的意義，以及聖人與道、文之間
的關係，強調道是文的本質，文是道的形式（現象），天地則是道與
文的範圍。道需藉聖人的心靈智慧，才能充分彰著其內容；而聖人又
必須藉具體的語言文字，才能充分發明其義理，此爲彥和所謂「道沿
聖以垂文，聖因文而明道」的意涵。

115.《文心雕龍》之美學　王更生　幼獅學誌　14卷2期　頁119-152
　　民66年5月

　　本文共分六章二十一節，首章言美學和《文心雕龍》的關係。二
章言藝術的架構，從思想、理論、字句、敍事、語調、結構各方面鳥
瞰《文心》的多樣變化。三章言美學的基礎，從全書行文命意、議論、敍
事過程上，認定自然、群經、道德是《文心雕龍》美學三環節。四章
言能量的涵藏，分靈感與想像、才氣與學習加以剖析。五章言情感的
表出，言文學家必須工於修辭之理由。若就美學的具體實踐而言，則
是用功能有限的文字，抒寫文思不盡的情感。末章言美感的回顧，乃
本文之緒論。

116.《文心雕龍·祝盟》篇斠詮　李曰剛　中華國學　1卷6-8期　頁
　　37-45　民66年6月

　　文中論祝盟之名義，此文體之演變歷程，及各時代有關祝盟之代
表作品，並詳述祝盟體類之功用，分段加以疏解、校詮。「題述」部
分，言祝盟爲總括一切告祭鬼神之文，一則祈福於未來，獻功於當日；一

則結信於一時。祝有祝文贊詞，盟有盟載誓約，體用匪輕，故其陳信修辭，要誓結言，必愼重其事，彥和故特立祝盟以成篇。「文辭」部分爲直解、校勘、注釋三部分，引經據典，一一加以疏證〈祝盟〉全文。

117.《文心雕龍・麗辭》篇疏解　陳　拱　學術論文集刊　4期　頁15-31　民66年6月

本文以注釋〈麗辭〉之字義爲主，並加按語疏證。明麗辭之源，乃起於人心、本於天道。麗辭即駢麗之辭，亦即對偶，並言麗辭之用，所以凸顯體貌的藝術性。此文作者循彥和所言以進，先分麗辭爲述事、寫物、寫人等三大類，欲以賅括一切麗辭。再細論「述事」一類，即可賅括單義對與徵人對之正、反者；「寫物」一類，亦可有單義對之正者；「寫人」一類，亦可有徵人之對，並舉歷代作品以爲說明。

118.《文心雕龍》述《詩經》考　王更生　國文學報　6期　頁159-186　民66年6月

作者統計《文心雕龍》藉詩三百以爲行文之助者，計百零九條。其引詩方式分：直引、套用、化用、借用成句、字面略調整、紬繹經文而用、略變經文汲義等。其引詩以論文有：曉喻文體變化、考鏡文體原始、褒貶作品優劣、創通寫作技巧等，皆量情而使，因事致用。引詩之原則爲採毛傳鄭箋，亦有自創新說，或就原詩以增減，或照原文迻錄，皆一經杼軸，頓成偉構。本文分篇列出引詩字句，並與原典比較，加案語以詳析「同乎舊談」與「異乎前論」之處。

119.《文心雕龍》的修辭方法論　廖玉惠　東吳大學中文系刊　3期　頁24-32　民66年6月

　　文中以爲劉勰對文章修辭的看法可以〈辨騷〉所言：「酌奇而不失其眞，翫華而不墜其實」爲代表。首言研究修辭方法的必要性。次分兩部說明《文心雕龍》的修辭方法。一爲「文章組織」，各從謀篇、裁章、造句、鍊字來論文章結構方面的基本修辭。另一層次爲「意象的營造」，從想像、夸飾、隱秀、比興、用典、韻律與節奏、對仗等方面論運用文字本身的意義，並創出新的意象。

120.《文心雕龍・奏啓》篇斠詮　李曰剛　國文學報　6期　頁135-157　民66年6月

　　本文分「題述」與「文解」二大部分。「題述」詳論奏啓之名義，以爲奏專用於獻上，啓則徧及於平行，兩者述之於篇，其體有稍異，義有同歸。至於論及奏啓寫作之要，本彥和分而論之，以爲陳事之奏，以敘事明理爲主，按劾之奏，所以「明憲體國，肅清風禁」。「啓」體之作，造端漢魏，盛軌齊梁，大抵用之東宮及諸王。「文解」部分，則分段加以直解、校勘、注釋，評析彥和〈奏啓〉篇之特色與價值。

121.《文心雕龍研究論文提要》前言　王更生　出版與研究　第三版1期　民66年7月

　　本文旨在簡要說明《文心雕龍研究論文提要》一書大要，分寫作緣起、介紹範圍、分類說明、鋪敘層次、資料來源，以見本書對於論文資料之營聚、分類整理之慧眼、述旨證檢之詳實。不但可爲好學敏求者之所資，亦足以明《文心雕龍》研究之演進。

122.《文心雕龍・練字》篇之修辭學考察　徐麗霞　鵝湖　3卷2期頁35-39　民66年8月

　　本文在前言中指出，我國文字由於獨體單音的特殊性，所以有助

於表現文章中的形式美。因此〈練字〉篇中所討論的重點即在文字形象於文章修辭裡所造成的視覺美感效果，文中提出四點就行文上的優劣原則，加以分析討論：㈠避詭異，避免行文時引用不常見的奇僻字；㈡省聯邊，消解一句之中運用若干偏旁相同或聲符相同的文字；㈢權重出，即權衡同一字重複出現，所造成的前後衝突的現象；㈣調單複，指調節文字筆畫的繁節和諧，若此四者運用得當，可使文章的形式美，達到最佳的視覺效果。

123.《文心雕龍・養氣》篇疏解　陳拱　宇宙　7卷10期　頁22-23　民66年10月

　　本文係針對〈養氣〉篇之文句逐一作疏釋，共有四十七個註解。其中以註〔一〕養氣之疏證最為詳盡，共採用了王充《養性書》、《論衡・自紀》篇、《呂氏春秋・貴生》篇、《莊子・齊物論》、《文心雕龍・原道》篇、《新書》、《禮記・曲禮》等資料。註〔二〕以後，著重字詞之解釋，如同一般注本，但偶有補充徵引之處。觀之可知名詞之涵義，亦可知字詞之訓詁。

124.劉勰的文學批評論　杜松柏　青溪文選　10期　頁109-122　民66年10月

　　文章首言劉勰文學批評的原則為「六觀」，並綜輯全書，對位體、置辭、通變、奇正、事義、宮商等六原則，詳加詮釋。次論劉勰運用的批評方法，論英人森巴士力《文學批評史》的十三類批評法，遠在南朝的劉勰多已提過，只是未標舉這些名稱而已。再其次，則就近代的文學批評所強調的進行過程與結果，分為八大部分論述，與《文心雕龍》互相比對，以闡明《文心雕龍》的價值。

125.六十年來《文心雕龍》之研究　王更生　正中書局印行之六十年來之國學五　頁455-510　民66年11月

　　本文蓋針對民國建元以迄六十年間，中外學者致力研究《文心雕龍》之成果作一介紹。然六十年間，都一百五十種，作者逾百家，故本文於材料之選取，若非文涉專門，概不編入；而已編入者，更就作者發表論文之地區，分別排比，簡介原文旨意，且間事臧否。全文共分六方面：㈠民國建元後學界之研究凡10種，㈡抗戰前後學界之研究凡11種，㈢政府遷臺後學界之研究凡44種，㈣中共統治下學界之研究凡39種，㈤香港地區學界之研究凡14種，㈥日本學界及我居留歐美人士之研究凡26種。

126.評介《文心雕龍批評論發微》　李瑞騰　出版與研究　11期　民66年12月

　　評介沈謙《文心雕龍批評論發微》一書，分論其書分批評原理、批評方法與批評實例，更揭櫫沈氏於書中所提出的三個文學批評原理的律則：一為「文原於道」，二為「質文並重」，三為「通古變今」。並條舉歸納、演繹、科學、判斷、歷史、考證、比較、印象、修辭、文體等十個批評方法，再對這些批評術語的指涉是否若合符節，提出質疑。至於批評實例一章，建議採作家論的方式，從作家、作品、文學主張等方面看彥和如何對他批評，並與彥和批評原理與方法相印證，則將更完整。

127.《文心雕龍》道義箋論　廉永英　孔孟月刊　16卷6期　頁30-33　民67年2月

　　箋證所謂道之義有三：一曰自然之道、一曰人文之道，一曰自然與人文渾然為一之文學之道。以為彥和所稱之道，指聖賢之大道而言，故

篇後承以〈徵聖〉、〈宗經〉二篇，義旨甚明，與空言文以載道殊途。並引紀昀、張立齋、劉永濟、饒宗頤等人之言，再加案語，舉出《文心雕龍》言道者凡三十六見，析爲三義，分項陳述。最後釋紀昀所言之「文以載道」、「文原於道」、及「體用兼賅」。明彥和「窮終極」、「探心原」說說。

128.《文心雕龍之創作論》序　李曰剛　幼獅月刊　47卷4期　頁21
　　民67年4月
　　　作者爲黃春貴《文心雕龍之創作論》作序，其書分四章，首論文章之組織、次論文章之修辭，再論文章之內質，末論文章之外象，將彥和《文心雕龍》文術論二十篇，詳加剖析，按其性質，分別消化融納，並旁徵博引，拓發其幽情微恉。

129.文心雕龍二元性的基礎　紀秋郎　中外文學　6卷12期　頁62-75
　　民67年5月
　　　所謂二元性，指劉勰論文學時常提示的一件事的兩面，論文原分人文與自然之文，論質文則兼重情志與采飾，論文學流變則兼顧傳統與創新。二元性雅、麗相對，徵聖、宗經爲雅，正緯、辨證爲麗，這些不同的、有時相對立的二元併合，構成劉勰理想的雅麗文體。〈原道〉篇統攝這二元於「道之文」的概念。二元性的基礎建立在樞紐論中，並在文術論有多方發展，從《文心雕龍》結構、詞語、旨義看，劉勰顯然是受了《周易》二元哲學的影響。

130.《文心雕龍》〈明詩〉第六會箋　廉永英　女師專學報　10期
　　頁91-144　民67年6月
　　　作者會集范文瀾注、張立齋註訂，再加案語，分句加以箋釋。亦

廣採黃叔琳注、黃侃札記、楊明照校注拾遺、劉永濟校釋，以爲疏證之參考。校勘方面則據多種版本加以比對，或依文意而詳加校訂。首章詳加析論詩之原起及其功用；次章論述詩歌演變歷程及各時代之文學風貌，並舉代表詩人詩篇以證；末章論述各詩歌體類之體要，知彥和之詩論以此篇爲主。

131.《文心雕龍·頌贊》篇斠詮　李曰剛　師大學報　23期　頁121-140　民67年6月

本文分「題述」及「文解」二大部分。「題述」闡釋〈頌贊〉之名義，「頌」之名實出於《詩》，若《商頌·那》、《周頌·清廟》皆以告神，爲頌體之正，其體製以「褒德顯容」爲正則；「贊」之體製則分散文之贊，與韻語之贊。「文解」部分以直解、斠勘、注釋字句爲主，闡述「頌贊」的名義與流變，並參酌唐寫本及若干文獻加以校訂。而逐段注釋關鍵字詞的出處，可明彥和用典的意涵。

132.《文心雕龍·詔策》篇斠詮　李曰剛　國文學報　7期　頁165-192　民67年6月

分「題述」及「文解」二大部分。「題述」詳言凡下行公牘均可歸入「詔策」，尤其多指帝王告臣民而言。歸納「詔策」所應具備之品目，並本諸彥和所論列，參酌曾鈔、《御覽》與集；最後申述《文心雕龍》指導「文章作法」的功能，及可做爲「深究鑑賞」的準據，分五方面來論述《文心雕龍》的適應情形。爲《文心雕龍》研究範圍的擴展，與國文教學的創新，架起了一座互相融通的橋樑。

133.《文心雕龍》范注補正　斯波六郎著　黃錦鋐譯　國文學報　7期　頁193-248　民67年6月

　　本文就開明書店出版之《文心雕龍注》加以補正，可與楊明照〈范氏文心雕龍注舉正〉互相參看。范氏之注所涉及典故之引證，本文則間言校訂及語句解義，並補范氏所略之典故原文。范注少引用黃叔琳注，然黃注明示典故出處，亦可與范注共同參照。為避免煩複，此補正未一一採用，故以《文心雕龍注》五十篇所缺漏之典故出處及原文為主，參考文篇之採錄，對彥和立說之批評、語句之解義亦加以整理。

134.《文心雕龍》文體論析例　王更生　東吳文史學報　3期　頁60-76　民67年6月

　　文中藉由探究彥和文體論的思想源淵、及二十篇的基本架構、成規定例，與彥和運思行文的方法，肯定「文體論」在《文心雕龍》的價值。分析在「原始以表末，釋名以章義，選文以定篇，敷理以舉統」四大基礎外，又「以時代為先後的歷史論敘法」，和「以作家為主的社會評述法」，兩相錯綜，聯絡成線。牽引出相關的體例，如各種文體的區別、關係、源淵，以及各代文學的風尙等，將文體論二十篇塑造成一個有血有肉的機體。故文體論與文原論、創作論、批評論具有同等地位。

135.文心雕龍述書經考　王更生　孔孟學報　36期　頁99-134　民67年9月

　　文心雕龍全書五十篇，引書經以說理者多矣，本文揀其顯明可見者二十四條，徵經驗傳，以考其源而會其用。次第先文心正文，次錄經傳，末殿案語。並分析彥和宗經論文之法：本經縮傳以為文，截取經文而寓意無關，雜糅經文擴大原意，引經衡文與史實不合等區別。而第究其用，有紬繹經典，以徵文體之用等七項功能，皆能據事以類

義，援古以證今，足見彥和博學多識，用舊合機之能。

136.文原於六藝說——劉勰宗經思想　李建崑　孔孟月刊　17卷3期
頁67-12　民67年12月

文章首言雖遠自漢代班固即有文原於六藝之說，任昉、顏之推亦權論之，但均未建構強固理論予以印證，唯劉勰《文心雕龍》〈宗經篇〉一出，始首度自文學觀點總論經的意義與特質，並分論者經特色，再溯後世二十種文體根源於五經，最後以功能論宗經之效用，理論完密，自成一家之言。

137.試探《文心雕龍》在「國文教學」上的適應性　王更生　幼獅月刊　48卷　6期　頁43-51　民67年12月

本文言學術研究的目的是實用，故從《文心雕龍》與「國文教學內涵」的比較，可借重彥和的創作理則和經驗，來實際印證國文教學。次言《文心雕龍》對「知人論世」啓發；繼言《文心雕龍》可作爲「解釋體文」的參考。賦與《文心雕龍》的意義與價值。

138.文心雕龍樂府第七會箋　廉永英　女師專學報　11期　頁75-123　民68年6月

本文內容旨在註解《文心雕龍・樂府》一文之要義，闡釋方法，採會箋方式，依章句逐一注釋，其中所引用之資料，主要有黃侃札記、張立齋註訂、范文瀾注、楊明照校注拾遺、黃叔琳注等，旁徵博引，並加案語說明。

139.劉勰文藝思想以佛學為根柢辨　潘重規　幼獅學誌　15卷3期
頁100-111　民68年6月

作者通觀《文心雕龍》全書，辭旨一揆，知劉勰文藝思想以儒家爲根柢。然而晚近饒宗頤著〈劉勰文藝思想與佛教〉一文，則提出彥和根柢於佛學之說，本文之作，乃對此說提出辨正。辨正之法，由考證入手，詳辨《文心雕龍》成書之經過，明定彥和依僧祐之時期，並細索彥和由儒入佛之歷程，以闡釋彥和在未依僧祐之前，文學已成，文名已著，知其著作《文心》之資料，早已蘊蓄胸中；其文學思想乃涵濡儒書所孕育的成果，而非編撰佛典所滋生之觀念。

140.劉彥和文學創作的理論體系與實際　王更生　國文學報　8期

頁55-100　民68年6月

本文主在探索《文心雕龍》創作論之理論體系，與實際寫作之規範。首先，則論敘架構此一體系之指導：即以劉勰宗經思想爲基礎，在內容形式並重、才氣學習兼顧，主觀客觀聯繫的條件下，以塑造此一比較完整之體系。其次，論敘此一體系之基本架構：則分「控引情源」、「制勝文苑」二類，前者爲綱領，後者爲細目。再其次，論敘此一體系之實際規範：則以神思、體性、風骨、通變、定勢爲五綱，以情志、事類、辭采、宮商爲四目，外加養氣、鎔裁兩附件，彼此緊密結合，體大而慮周。文末具評贊劉勰創作論之價值。

141.文心雕龍〈神思〉篇研究　彭慶環　逢甲學報　12期　頁119-127　民68年9月

文章首錄〈神思〉本文；次作詮釋，有注解、摘譯之功；末作篇旨研究，以爲神思篇乃論內心與外境交融而後文生的道理，與今人所謂靈感頗有相通之處；唯須注意以下二點，一是「陶鈞文思，貴在虛靜」之爲文要道乃在共靜而後動，與今人指動態而言的靈感作用稍有不同。二是神思篇末已透徹說明「思想文情的變化可通達物象」的道

理。

142.文心雕龍通變夸飾通釋　王禮卿　幼獅學誌　15卷4期　頁149-168　民68年12月

本文就〈通變〉、〈夸飾〉、二篇之義釋。其先釋〈通變〉，主在闡發通變之通義及法則，用以明《文心雕龍》全書一貫之系統。次解〈夸飾〉，主論夸飾之得失與原則，與其狀物寫象傳情之功效。此二篇皆爲《文心雕龍》之文術論，前者屬總綱，後者屬細目，合併通釋，有相得益彰的效果。

143.文心雕龍〈養氣〉試釋　羅聯絡　建設　28卷10期　頁34-35　民69年3月

本文表在闡釋《文心雕龍·養氣》一文之要義。釋義方式，則分章句逐一解說，主要引用資料如曹丕《典論·論文》、韓愈〈答李翊書〉、王充《論衡》等說，對於養氣之重要性，與養氣之方法論多所闡發。文末則特別強調若能心靜氣和，則能使文思吐燿，而成就佳文；倘若精神不暢，則必文思杳邈，自難有所成。

144.文心雕龍述論語考　王更生　孔孟學報　39期　頁155-172　民69年4月

本文揭示劉勰「原道、徵聖、宗經」之一貫思想，以闡明《論語》實爲劉勰思想與文論之重要根柢，是以《文心雕龍》多有引述《論語》處。次析論劉勰引述《論語》之方式靈活多變，其次則依《文心雕龍》之篇章次序，將其所引述《論語》之章句逐一析出，並依《論語》原文，酌以其它典籍，加以闡述，通計全書共得五十四條，可探知劉勰揭徵聖宗經之大纛，作振衰起廢之努力。

145.文心雕龍體性篇釋義　羅聯絡　建設　28卷　12期　頁27-28
民69年5月

本文闡釋《文心雕龍·體性》一文之要義，釋義方式，則分章句逐一解說。析論其篇旨，則主在說明文如其人，有其性情，則有其文章；無其性情，則無其文章。雖云「性由天定，文由所學」，然仍以性情為主，所學則在光大其性情而已。

146.文心雕龍註駁議　王更生　中華文化復興月刊　23卷5期　頁60-69　民69年5月

《文心雕龍註》一書為范氏文瀾治學辛勤的結晶，可謂體大慮周，然仍不免有失，本文即就其疏失處加以駁議，文分三方面論敘。一則資料採輯未備：主論其於年譜、板本、敘錄、遺著，有應附而未附者。二則體例書寫不當：主論其於觀點、篇者、行文、稱謂、篇卷，有雜而無章，缺乏條理者。三則立說態度乖謬，主論其組織體系毫無根據，排列順序錯誤、不辨是非，立說有所偏差誤謬者。文末更警惕人讀書宜謹慎，以去其糟粕，取其精醇，方能有所成。

147.文心雕龍之通變論　沈謙　中興大學文史學報　10期　頁79-88　民69年6月

全文從「崇古宗經」、「酌今貴創」、「通古變今」三方面闡述劉勰的通變論，先由〈宗經〉篇論「擷取傳統精華」的重要，再依〈通變〉篇強調作家需有個性與獨創性。除了為劉勰的通變論追本溯源，又援引中外文論，證明其見解精闢，洞燭機先。最後以李白、杜甫、莎士比亞皆通古變今而有所成之實例，勉人在創作上實踐《文心雕龍》之通變論。

148.《文心雕龍》論文本於道與文以載道　陳問梅　中國文化月刊
　　9期　頁41-70　民69年7月

　　　本文根據〈原道〉篇論證《文心雕龍》含有「文本於道」與「文以載道、明道」的觀念，而且「道」有客觀意義（天、地、人、物）與主觀意義（孔子之仁道）。作者從創作歷程三層次解析，唯有經由學習與修養的工夫，才能在臨文之際，達成「文本於道」與「文以載道」的表現。文末則強調「文以載道」並非道德教條，與今人所謂「言之有物」相近。

149.《文心雕龍》述孟子考　王更生　孔孟學報　40期　頁191-204
　　民69年9月

　　　作者考證《文心雕龍》與《孟子》之關係，「一則明彥和不以空言衡文，凡論述皆有依據；一則章孟氏法孔垂憲，於閎遠中有蘊奧。」通計《文心》全書引用《孟子》處共廿五條，依序節錄《文心》引文及《孟子》原文，再以「按語」說明其中讚聖述經、考訂體裁、開示作法、屬辭比事之精義。

150.《文心雕龍》所述辭格析論　王忠林　文心雕龍研究論文選粹）
　　育民出版社）　頁507-539　民69年9月

　　　本文揭示《文心雕龍》中屬於文術論的修辭技巧有一、麗辭，二、比興，三、夸飾，四、事類，每章依劉勰寫作的四大綱領「原始以表末，釋名以章義，敷理以舉統，選文以定篇」，加以建構。首述其釋義、功用、應用的發展，最後言及分類與運用不當所可能導致的弊病，並論其寫作要點。作者引用眾家說法印證劉勰所述辭格的完備性，又酌採現代修辭學的觀點，以深入淺出的文字，說明劉勰的創作理論與今謀合之處。

151.比興、夸飾、事類、隱秀──文心雕龍論修辭方法　沈　謙　幼

獅學誌　16卷 2期　頁36-54　民70年12月

本文主要探討《文心雕龍》中接近現代「積極修辭」，講究「隨物宛轉之描寫技巧」的四篇──〈比興〉、〈夸飾〉、〈事類〉、〈隱秀〉。就《文心》原文分析「比興、夸飾、用典、隱秀」各種修辭法的名義、區別、用法、功能，又援引前人詩文、黃侃《札記》及近代心理學、修辭學、文學理論相互印證。

152.《文心雕龍·史傳》篇題述　李曰剛　中華文化復興月刊　14卷

7期　頁64-70　民70年 7月

作者以為劉勰之史學思想，在檢述史官建置、史著源流方面，開我國史論先河；並提供了「闡明義例」與「揚搉利病」兩條論史途徑；又論史之「二難」、「兩失」、「四要」等，皆能針對當世史家好奇之弊，與春秋經傳及馬、班、史、漢之既有成就，由史意、史情，進而激濁揚清，推闡史學之義法，詞簡而意賅，條析而流別，為中國一千五百年來之史學開創新局面，與《史通》相較，毫不遜色。

153.《文心雕龍》文體論　彭慶環　逢甲學報　14期　頁107-124

民70年11月

作者認為《文心》第一至廿五篇論文體，第廿六至四十九篇論文理，又以〈原道〉至〈正緯〉為彥和立論主旨，〈辨騷〉與〈明詩〉以下諸篇相次並論。全文先說明「文體之分類」、「文筆之區分」，再從「六朝各家對文體分類之比較」、「清代姚曾文體分類之舉要」，證明劉勰論文分類之縝密，為歷來論文者所不及。

154.《文心雕龍》之文體論檢討──《文心雕龍斠詮·體性·篇題述》

李曰剛　師大學報　27期　頁185-218　民71年6月

全文共分五章二十一節，首章釐清文體與文類的觀念；第二章論述「文體所含體裁、體要、體貌三方面意義及其自覺過程」；第三章檢討「文體八種基型之根源所在」，並推論「彥和理想中的文體」為「雅麗」；第四章探究「文體之形成與作家性格之關係」；第五章「從各文類、時代、作家比論其創作風格」，最後分析〈體性〉篇之結構及各段大意。

155.《文心雕龍·養氣》篇題述　李曰剛　中華文化復興月刊　15卷7期　頁15-20　民71年7月

作者先探討「氣」之涵義，及「各氣運用於文論之分別說證」，再闡釋「養氣篇旨之取義於王充」、「養氣詞彙之溯源於孟子」，又從宏觀之角度分項論述：「後世文家發揮孟義而與彥和之所祖述，有內外之分」；「養氣舍六籍無從，古文當以韓歐為法」；「為文養氣除學與才外，尚應講求義法」；「氣稟無論剛柔，皆須善加培養」；「彥和涵養文之氣機，採取道家攝生精義」。最後摘錄黃侃、劉永濟二家之說，並附〈養氣〉篇之結構和各段大意。

156.《文心雕龍·總術》篇題述——劉勰文術論二十篇結穴之探微　李曰剛　中華文化復興月刊　16卷5期　頁27-36　民72年7月

作者先論「總術之要義」，次錄黃侃《札記》及劉永濟《校釋》的說法，探究〈總術〉篇旨，並檢討歷來「文筆之論爭」，再詳述「彥和文術論之理論體系」，附「文學創作理論體系圖——劉彥和文術論生理功能之譬況架構」輔助說明，最後檢覈〈總術〉篇結構及各段大意。

157.《文心雕龍》通解　王禮卿　中國國學　11期　頁137-156　民
　　72年9月

　　本文內容包括《文心雕龍通解》一書之「序」、「例言」及「文
心雕龍提要」（論《文心》之立體、體例、名義、通則、體術、系統，以
通全書之旨趣）。並附〈原道〉、〈徵聖〉二篇，首釋「題義」發其
深蘊，次抉「篇旨」發其精要，又依「節次」、「贊」分析用辭造語、言
外微旨。

158.試析《文心雕龍》心物交感之論　王基倫　中華文化復興月刊
　　17卷　3期　頁17-20　民73年3月

　　本文共分五節：一、前言；二、《文心雕龍》的心物交感論；三、
心物交感論的運用；四、心物交感論的影響；五、結論。作者認為劉
勰的心物交感論，重點有三：一、文學源於自然景物，二、文章須有
心志情性，三、心物交感的現象──情辭流動。另外運用心物交感論
時，必須注意者有二：一、當以述志為本，二、當能體物為妙。至於
劉勰申論心境交融之理，在〈神思〉篇舉其大綱，在〈物色〉篇說其
條目，而架構遂密，影響後來詩文評論頗為深遠。

159.《文心雕龍》創作論「總術」探微　李曰剛　教學與研究　6期
　　頁11-25　民73年5月

　　全文共分六節：壹、《文心雕龍》全書之論文部居；貳、創作論
二十篇之篇序義脈；參、總術總論文術之必當講求；肆、黃札指出斯
篇之旨要效妙；伍、創作文術結穴之理論體系；陸、彥和貫用生理之
官能喻文。篇中附列三種圖表：即「文心雕龍全書之論文部居圖」、
「創作論二十篇之篇序義脈索引圖」，「文學創作理論體系圖──劉
彥和文術論二十篇生理官能之譬況架構」。作者認為欲觀劉勰文術論

的規模架構，須從統攝全論的〈總術〉篇中尋繹。

160.《文心雕龍》的文學觀　王更生　孔孟月刊　23卷12期　民74年 8月

　　本文先分析劉勰所處的時代背景並提出對《文心》成書應有的體認：它是傳統與當代文化結合的產物，首尾圓合、體系一貫，不僅是我國文學理論中的經典，更是傑出的文學作品，而劉勰的目的在以文學濟世，其理論可作為文學通變的借鏡。再論述《文心雕龍》的文學觀主要有「宗經」、「自然」、「通變」、「情采並重」四項，為後世文學發展，樹立了明確的創作指標。

161.《文心雕龍·祝盟》第十會箋　廉永英　北市師專學報　17期 頁1-39　民75年6月

　　作者對〈祝盟〉篇文，博採各家注釋，自清黃叔琳注以下，李詳《補注》、黃侃《札記》、范文瀾《注》、劉永濟《校釋》、張立齋《註訂》、王利器《校箋》、楊明照《校注拾遺》、潘重規《唐寫本《文心雕龍》殘本合校》、斯波六郎《范注補正》等，排比並列後，加上「辨析得失，糾繆補闕」的案語。作者自言「取材期其富贍，徵引尤重翔實；每著論斷，務求平允審慎，力矯游談無根之弊」。

162.劉勰的養氣說　張靜二　《國立中央圖書館館刊》　19卷2期 民75年12月

　　文中以〈養氣〉篇為基點探討劉勰的養氣說，先釐清《文心雕龍》書中的「氣」泛指「生命力」，再探察劉勰之前與養氣有關的載述，以明「養」字的意指，因〈養氣〉篇中語詞大多屬老莊道家體系，故推論「養」作「愛惜、維護」之義。然後才剖析〈養氣〉篇的結構，

並指出劉勰養氣說在我國文學批評史上的地位和貢獻，最後歸結養氣的定義爲「從順應自然中來保惜個體的生理生命力，以使立言的工作順利完成」。

163.《文心雕龍》之正本歸原論　施又文　中華文化復興月刊　民77年2月

本文主旨在論述〈徵聖〉、〈宗經〉二篇爲《文心》之骨髓，並非如梁繩禕〈文學批評家劉彥和評傳〉所說爲「託古改制之詭計」。作者通觀《文心》，旁涉他書，爬疏整理，察劉勰著述動機在「樹德建言」，欲以「宗經」正本清源，改革當代之文弊，而且「宗經」不是字模句擬的復古，其旨歸在於「通變」──望今制奇，察古定法。

164.從比較文學的觀點試論《文心雕龍》的奇正觀　紀秋郎

全文分五節：一、前言。二、奇正觀與文原論。三、奇正觀與文質論。四、奇正觀與通變論。五、結語。作者認爲：《文心雕龍》〈徵聖〉、〈宗經〉與〈正緯〉、〈辨騷〉的平行結構指向質與文、正與奇的辯證關係，而居於其間的仲裁者便是道、自然、以及體現自然之道的聖人經典。通變論是文心樞紐論的更深一層的基礎。

165.論《文心雕龍》辯證性的文體觀念架構　顏崑陽

本文另有副題爲「兼辨徐復觀、龔鵬程『文心雕龍的文體論』」，作者認爲徐、龔二氏皆偏於一面，得其一端，而劉勰的文體觀念，是在時間的辯證發展與空間的辯證融合下，形成一立體性的架構。全文分五段：一、問題的導出。二、文體的發展與形成。三、文體的法式。四、文體的規範效力及局限。五、結論。

166.「風格」的界義及其與中國文學批評理念的關係　蔡英俊

　　作者認爲人物品鑑與中國文學批評觀念密切相關，因此批評家常以「體」表達「風格」的意涵。文體可以狹義指稱作品的外形結構（韻腳、句式），及其內在成份（情志），更可以指稱某類作品共通的藝術效果和特點，從而形成中國傳統文學批評的兩條路徑：1.論作家。2.辨析文體。作者並就比較的觀點言，中國以作品歸屬於作家，與作家構成一體，鑑賞活動指向人物的才性，與西方運用解析名言的方式，以語言結構爲主論風格，恰成對比。

167.由「神與物遊」至「巧構形似」—劉勰的「形神」說及其與人物畫論「形神」觀念之辨析　鄭毓瑜

　　《文心》各篇爲基礎，旁采衆說，對賦的起源及其相關問題進行歷史的考察。認爲劉勰對賦的起源，名義等問題，基本上承襲班固的意見，但也作了若干改變。至於賦與騷的關係，「賦者，鋪也」的增飾鋪張手法固乃漢人繼〈離騷〉之技巧而來，但作者不自〈離騷〉徵聖、宗經之立場著眼，而從〈詮賦〉：「靈均唱騷，始廣聲貌。然則賦也者，受命於詩人，而拓宇於《楚辭》也。」認爲屈原增強了賦的抒情性，使賦詩由實用層次提昇至藝術層次。

168.陸機：理新文敏、情繁辭隱——《文心雕龍》作家論探析之一　李瑞騰

　　本文除前言和結語外，正文分四段：一、「運涉季世，人未盡才」，重在陸機所處時代環境與文風的考察，二、「矜重、才優、情繁、辭隱」，旨在探討陸機的文學特色及其內在成因，三、「各有其美，風格存焉」，是對陸機作品的評鑑，四、「文賦」：汎論識悉，實體未該，則是對陸機〈文賦〉中有關問題提出商權。文中並沒有實際牽涉

到陸機的作品。

169.從《呂氏春秋》到《文心雕龍》──自然氣感與抒情自我　龔鵬程

作者著眼六朝緣情說與兩漢學術思想之淵源，抒論重點在情與景（氣）如何形成互動關係。作者以爲，漢人重視個體生命，正面肯定情欲。情欲結合宇宙氣化的觀念，形成自然氣感的理論。情欲不能消除，只能因政教禮樂與自我修習加以節制，是故物我氣感，情景交融，吐屬悲愁，發言爲詩，遂可以上臻天人感應之境界，一種詩的超越性的神聖經驗，審美與道德境界融通，此即自然之道。

170.從文心雕龍談民間文學研究的困境　鄭志明

本文首先說明民間文學是反映民族心靈的生活圖卷，它的特徵有集體性、口頭性、流傳性、變異性、匿名性與傳統性。內容多以戀愛爲主題，不符合《文心雕龍》揭櫫的文學典範條件，作者並以三準、六觀之說爲基礎，討論民間文學的理論方計。

171.王應麟和辛處信《文心雕龍》關係之研究　王更生

全文分七節：一、研究緣起，二、辛處信《文心雕龍注》在宋元時期公私書目的著錄情形，三、鄭樵《通志》，《宋史‧藝文志》編纂時間及其依據資料的考察，四、王應麟和辛處信《文心雕龍注》，五、《困學紀聞》中援用《文心雕龍》及所附「原注」的眞相，六、所謂「原注」即辛處信《文心雕龍注》之研究，七、最後的話。作者分別從引書慣例、詞義、行文，及寫作體例四方面，證明「原注」就是辛處信《文心雕龍注》的佚文。

172.由《文心》〈辨騷〉、〈詮賦〉、〈諧讔〉論賦的起源　周鳳五

作者就思想觀念的層面探討劉勰文學上「形神」問題的看法，並由此進一步討論「形神」二字於文學批評與人物畫論中，是否有相同的涵義或共同的指涉。對於前一問題，作者將劉勰「形神」說的整體結構分為「神與物遊」至「窺照意象」及「窺照意象」至「巧構形似」二階段，第一階段與莊子對比，第二階段以「巧構形似」暫代寫氣圖貌，二者融合成「物色盡而情有餘」，構成六朝審美觀念的重心。

173.從《文心》《正緯》論緯讖源始及其神話性質與功能　江寶釵

作者先論緯讖之興起與淵源，徵引成說，按察文獻，考量思想內容，以為緯讖係起自民間的通俗文化，前漢早已有之，不始於哀平。其次論緯讖之特色，具備原始信仰的幾項特質，以神話為信仰內容。最後論讖緯之「事豐辭偉」，可以作為文學創作取材的對象，修辭的參考，具備文學功能。

174.論劉勰「文體分類學」的基據　王更生　國立編譯館館刊　民77年6月

本主旨在探討劉勰當時對文體分類所依據的幾個基本理論。先介紹「幾個文學觀念的演進」、「劉勰文體分類學中所涉及的體類」，再由不同角度論述劉勰文體分類學的基據有：採歷代學者的成說、汲收當代文論的精華、當代通行的文體、作品內容與形式的結合、社會現實生活的反映、作品性質與功能。結論為劉勰文體分類基據的層面之廣、分析之精，可謂兼包眾體，慮周思密，能為當前新文學的文體分類，引發催生的效果。

175.《文心雕龍》體系──《文心雕龍》體系的思想與歷史基礎　王

金凌　輔仁國文學報　　4期　頁131-149　民77年6月

全文分三節：壹、《文心》體系的思想基礎，貳、《文心》內容的歷史基礎，叄、《文心雕龍》體系。作者認為：一、《文心雕龍》體系的思想基礎是融合儒學與玄學，以儒為裡，以玄為表，以歷史意識貫通其間。二、劉勰撰《文心雕龍》雖不以文學史為主要論題，而文學史卻是《文心》內容的歷史基礎。三、《文心雕龍》上篇是靜態的體系，下篇（抽掉〈時序〉、〈物色〉、〈才略〉和〈程器〉四篇）是動態的體系。靜態體系視文學為客觀對象，而分解其要素，探索其原理。動態體系視文學為主觀的心靈活動，而敘述其歷程。同時由此靜態和動態體系中，也可看出劉勰似乎對〈物色〉、〈時序〉、〈才略〉、〈程器〉四篇有難以安排之苦。

176.「文情難鑑，披文以入情」──略論《文心雕龍·知音》篇　文
鈴蘭　中華文化復興月刊　頁65-70　民77年7月

文章首先解釋「知音的涵意」為讀者了解作者的心情、感情、思想，雙方情理交至，再就〈知音〉篇原文歸納出「知音難逢的原因」：或因作品「文情難鑑」、「篇章雜沓」，或因讀者「貴古賤今」、「崇己抑人」、「信偽迷真」，而「知音的途徑」則需要「博觀」的態度和「六觀」的方法。結論除了肯定〈知音〉篇的體系及成就，並認為劉勰所謂的「知音」，近似今日之「審美」。

177.《文心雕龍·徵聖》篇疏解　陳拱　東海中文學報　8期　頁5
-18　民77年7月

本文是對〈徵聖〉篇文依序注釋說解，文中或有對黃注、紀評、范注等書的說法加以駁正之處，特以〔附識〕標出，最後以「說明」析論全篇意旨。作者認為〈徵聖〉之主旨在「徵聖文」，非所謂「徵

聖心」、「徵聖情」，而聖人之文可徵、可尊的原因在於具有四大規矩——簡言以達旨、博文以該情、明理以立體、隱義以藏用，並爲後世四種基型文體（精約、繁縟、顯附、遠奧）之淵源。

178.《文心雕龍》與《詩品》聲律論之比較　胡仲權　東吳大學中國文學系系刊　16期　頁6-14　民79年3月

　　作者於聲律的「本源」、「創作本體」、「創作媒材」、「創作方法」四方面，先分述二文主要內容；再比較出二者在「自然本源」、「語言本體」、「諧和理念」上相同，而在「媒材認知」、「創作態度」「提列方法」上不同，最後肯定二者「在聲律論上有普遍性的共識」，但「不同角度下有不同範疇的內容看法」，作爲比較結果。

179.徵聖在劉勰文學思想上之地位　呂武志　師大國文學報　19期　頁145-160　民79年6月

　　本篇對〈徵聖〉在劉勰文學思想上地位的探討，從三個層面立論，一曰「必然性」；二曰「實質性」；三曰「需要性」。所謂「必然性」，是就劉勰的創作動機著眼，說明「聖哲爲劉勰所崇拜，所以必徵」之理。所謂「實質性」，係就聖人與文學創作之關係而言，申述「聖心精微，曲合神理，所以可徵」、「聖文雅麗，銜華佩實，所以當徵」、「聖文自然，隨變適會，所以要徵」之論。所謂「需要性」，則就糾正時代文風言：「聖謨卓絕，矯訛翻淺，所以應徵」；就建構文學理論言：「聖人爲『道』、『文』轉化的關鍵，所以需徵」。既足以突顯〈徵聖〉在劉勰文學思想上的重要性，更強調該篇爲劉勰建立其「文學本原論」之重要轉關。

180.《文心雕龍・宗經》篇疏解　陳　拱　東海中文學報　9期　頁

15-31　民79年7月

本文先就〈宗經〉篇之字詞作詳註，其次說明劉勰宗經（五經）思想用意涵於〈原道〉篇、若會通〈徵聖〉、〈宗經〉、〈序志〉各篇，則孔子與六經之文可稱一「原始之典型」，肯定經文爲後世文章本源。歸結宗經之要義有二：一是學爲文章須主經以爲文。二就後世文學發展言，經文爲後世多種文類之淵源。故人之學爲文章，自須師法經典之文。

181.從《顏氏家訓》探其與《文心雕龍》文學觀之異同　尤雅姿　興
　　大中文學報　4期　頁233-251　民80年1月

作者有鑑於二書皆有助於中古時期文學演進之了解，有探析二者文學觀異同情形和原因的必要。比較範圍有文體的起源和風格，作家的文德修養和評論主張，文學的創作條件、過程和技巧。雖然二書作者的身世經歷迥異，文學觀雖有枝節上之小異，大體而言，仍是一脈相承的。

182.《文心雕龍・辨騷》篇釋義　王淑禎　興大中文學報　4期　頁
　　192-217　民80年1月

作者認爲〈辨騷〉中對於「騷體之定性分類」、「楚辭離騷的定位」、「各家對離騷的褒貶抑揚」、「騷體與經典之同異」、「騷體之事義」、「辭采特色及其衣被詞人之功」等六方面有完整理論，故能位列樞扭。文章以此論點爲基，援引《楚辭》各篇內容爲佐證，進一步闡揚騷體在文學史上的關鍵地位。

183.劉勰《文心雕龍》風格論新探　王更生　臺灣師大學報　36期
　　頁139-157　民80年6月

劉勰的風格論，爲當前研究《文心雕龍》的學者所樂道。本文所以命名爲「新探」，其內容和一般人的說法最大不同點，是作者首先掌握了劉勰風格論的主導思想，其次，文學風格不是單獨存在的個體，它往往和時代與作家息息相關，因此，作者又從風格論的定點上，進一步根據劉勰的說法，來透視時代文風和作品風格的眞象。由以上兩個觀點建構完成的意見，希望能有助於讀者對「劉勰文心雕龍風格論」的了解。

184.《文心雕龍》比興篇「興義銷亡」之商榷　陳姿蓉　光武學報 16期　頁301　民80年6月

作者以爲劉勰對比興之定義兼用鄭衆、鄭玄之說，然於比興之運用，則頗受漢儒說經之影響，比興之旨多依附「美刺」而作論。然自漢以來，辭賦詭濫，且專務形貌，又多利祿遊戲，爲文造情之作，重在鋪采摛文，既乏睹物興情，又有違劉勰「宗經」、「體要」之旨，因此慨嘆「興義銷亡」。

185.從《文心雕龍・論說》看劉勰的思想　呂武志　國文學報　第20 期　頁101-108　民80年6月

作者認爲可由以儒學、玄學、佛學三個角度，看出劉勰創作思想的歸趨。就其「論」體原則及四流八品來看，述聖通經的寫作動機來自儒學的崇仰。就引證玄學的材料來看，重視的是師心獨見、鋒穎機密的文學藝術，滯有貴無、徒銳偏解則是對於玄學思想的批評。就引用詞彙目的來看，般若爲比較佛玄優劣，對佛學持褒讚的態度。

186.論《文心雕龍》之文章藝術　方元珍　國立編輯館館刊　20卷 1期　頁63-78　民80年6月

　　作者以爲彥和之文學主張爲華實相附、文質並重，是以表現出的文章藝術可分三點討論：首先就文學思想言，具有完整性和獨創性。其次就文章結構言，有㈠圓鑑區域、體系嚴整。㈡前後呼應，首尾圓合。㈢縱橫交錯、執簡御繁的特色。其三就文辭修飾言：有㈠字句工麗、屬辭典雅。㈡文勢緊湊、迴環注復。㈢深刻印象、富感染力。㈣精於概況、錯綜變化。㈤宮商和諧、聲韻抑揚等特色。

187.《文心雕龍》文學理論的思想淵源　黃錦鋐　逢甲中文學報　頁 17-24　民80年11月

　　內容論及文學一詞，最早或指文章博學而已，不能以文爲本，兩漢時，更淪爲經學附庸，直至曹丕《典論・論文》問世，才賦以文學新的歷史地位。他一方面繼承了漢世儒家實用的文學觀，一方面又揉合道家超事物的直觀宇宙論，開創文學理論的新紀元。此後，學者論文都在儒、道兩家思想的路線上徘徊，各有所偏，唯劉勰《文心雕龍》能兼容並蓄，體大慮周，以儒家思想爲核心，以道家思想爲創作源泉，調和儒道，互爲體用，自成一家之言，影響後世甚鉅，誠文學批評史上之巨擘。

188.《文心雕龍》「道」義證析　李建福　興大中文學報　第5期 頁337-362　民81年1月

　　作者分三部分討論，首論〈原道〉篇之「道」爲自然之道：其就四方面論證：一是〈原道〉篇辭句之本證。二是〈原道〉篇文理之推證。三是古書義理之旁證。四是《文心》他篇之旁證。第二部分則就〈原道〉篇的辭義淵源作探求，以爲該篇所用辭句義旨，多取於《周易》經傳，並列表加以說明。第三部分則試析《文心雕龍》全書中之「道」字，將詞義析爲九類。

189.《文心雕龍‧辨騷》篇淺析　徐漢昌　國文天地　7卷11期　頁
　　59-61　民81年4月

　　作者認為劉勰不置屈賦於〈明詩〉後，反視為文之樞紐，必有深意。先探究篇目有二，以師經之意、法經之體的「取鎔經義」為騷之第一變；以出於個人艱困的身世遭遇，文章風格之遞變，特出才力的「自鑄偉辭」為騷之第二變。末就劉勰推崇屈原對後代影響之語，推論更應重視屈賦「奇」、「華」之外，「不失其眞、不墜其實」的原則。

190.《文心雕龍》修辭學之體系與價值　胡仲權　實踐學報　23期
　　頁225-251　民81年6月

　　本文以為劉勰《文心雕龍》，是以文學理論與文學批評的專書而蘊涵豐富的修辭理論與方法的修辭學重要著作。作者之研究即以劉勰所著《文心雕龍》一書所蘊涵的修辭理論與方法為對象，嘗試通過理論體系的完成與實際運作的檢索兩大要素，對《文心雕龍》一書的修辭學體系進行全面性的探討，並企圖展現其修辭學體系的全相，同時，經由此全相的呈現，探討《文心雕龍》修辭學的體系在修辭學上發展史上的意義。

191.《文心雕龍》的「體要」說──兼論《文心雕龍》的理言結構
　　周慶華　孔孟月刊　31卷6期　頁33-43　民82年2月

　　作者言「體要」說為劉勰論文的張本，須由此掌握《文心雕龍》的理論結構。本文分五部分討論，首先探討「體要」一詞的涵義。其次言「體要」說的目的在重建文章的規範。其三明「體要」的根據為經典。其四是文體的規範及其作法，最後言後世對此書的評價。

192.《文心雕龍》「定勢」論　施又文　中國學術年刊　14期　頁
　　237-277　民82年3月

　　本文欲就文學理論的觀點來探討「定勢」的意義及其理論的傳承
與發展。全篇包含七部份：一、重新就下篇前五篇之行文脈絡來探討
〈定勢〉篇的篇次。二、利用上下文意的聯繫、訓釋，舉例和應用來
詮釋〈定勢〉中二十一個「勢」字。並歸納出「勢」作爲一般性語言
及文學性術語兩種意涵。三、扣緊「勢」之文學性涵義來探討篇題的
「定勢觀」。四、在解「勢」與釋「定勢」之基礎上，進一步勾勒該
篇的主要體系與全文結構。五、說明〈定勢〉面對當代文苑的「訛勢」，
提出那些挽救之道。六、觀照它與〈神思〉、〈風骨〉、〈通變〉各
篇之關聯。最後則以「勢」在文論上之承傳與流變作結。

193.試論《文心雕龍》之篇章修辭理論　胡仲權　實踐學報　24期
　　頁95-109　民82年6月

　　本文以爲篇章修辭理論的研究，是亟待開發的領域，而《文心雕
龍》一書蘊涵豐富的修辭理論與方法，然有關篇章修辭部分，卻屢爲
學者所忽略。本文嘗試以《文心雕龍》一書爲對象，就修辭學的角度，探
索其中有關篇章修辭的理論，其目的一方面固在探究《文心雕龍》一
書之篇章修辭理論的體系與內涵，以及從篇章組織中之組成單位加以
解析，說明其所謂篇章組織的基本結構要素。另一方面則企圖說明此
一體系與內涵於中國修辭學史上的意義及價值。

194.《文心雕龍·原道》篇探賾　劉明宗　海軍官校學報　3期　頁
　　193-200　民82年12月

　　文分五目。一、前言，概述爲此文之動機，乃爲釐清〈原道〉之
「道」字涵義，以明〈原道〉內容之眞正旨意。二、〈原道〉篇之緣

起。三、〈原道〉之「道」字釋義，乃自然之道也。四、原道思想之流變及其影響。五、結語，劉勰之〈原道〉，乃原其自然以成文理之道。

195.《文心雕龍‧鎔裁》篇疏解　陳問梅　興大中文學報　7期　頁39-50　民83年1月

文中首錄〈鎔裁〉本文。次作注釋，其中有引典以疏詞義，有按語以定是非，有附識以廣評議。末作通釋，說明〈鎔裁〉旨在明示如何規範偏長之意、剪截浮蕪之辭。以鎔言，包含著重文意的命意之術及著重篇章的結構之術，其要在「首尾圓合，條貫統序」。以裁者言，乃針對辭侈於意之情形，其要在「繁而不可刪，略而不可益」。

196.《文心雕龍》之「文質論」探微　盧景商　東吳中文研究集刊第1期　頁73-94　民83年5月

本文提出研究《文心雕龍》者，對於「文質論」之探索多點到為止，遂撰此篇以補其罅漏。首章由自然物的文質關係，文學作品的文質區分，和文質觀念的規範意義來論述劉勰對文、質概念的界義。次章言文質融合的條件有三：即文和質的形式一致，文和質的內容相符，文和質的美感相同。結論則提出「質」意指合乎「真善美」原則的內容，「文」意指具有美感性質的文辭脈絡。文質的結合，不只是「文質並重」或「內容決定形式」而已，乃是形式、內涵、美感的統一。

197.《文心雕龍》「比興」觀念析論　顏崑陽　國立中央大學人文學報　12期　頁31-55　民83年6月

作者就下列三項問題析論並作判斷：一是比興的內涵及其根本差別在於「理」「情」之內容與發用形態上有差別。二是在文學創作活

動中，比興在其理論上的意義，是「將比視爲局部修辭的技術，將興視爲整體構造篇章的方式」。三是比興說在觀念史上的價值，是承繼漢儒而有局部補充及明確陳述，唯在理論概念結構與實際運用舉類下之價值略有減損。

198.**試論《文心雕龍·程器》**　劉　渼　國文學報　23期　頁79-103　民83年6月

　　本文首論時代背景，以明其寫作動機。其次探討其用語及理論前承，以推其淵源。復次論其篇旨及理論架構，以究全篇旨意。再次試論其與文原論、文體論、文術論、文評論等論之關係，以明其在全書之地位與價值。又其次探討其對後世文論的影響，以明其承先啓後之重要性。末則論其深具時代意義與歷史價值。

199.**《文心雕龍·體性》篇疏解**　陳　拱　興大中文學報　8期　頁29-56　民84年1月

　　作者爲〈體性〉篇作疏並詳加解說，主要分兩部分：一是對〈體性〉篇一文的字句作註釋。二是對〈體性〉篇一文的通釋。該篇乃在論文體與情性二者之關係，文體本於情性，是以舉凡學習文體，創造文體，皆情性之事也，故名之曰體性。

200.**論《文心雕龍·知音》篇的接受意蘊**　高莉芬　國立新竹師範學院語文學報　2期　頁142　民84年6月

　　本文即從「接受」的角度，析論其接受意蘊。首先，則說明知音難逢之因，及知音之接受途徑——披文以入情。次言接受者能力之培養，即需具備博觀、不偏之鑑賞能力，與作品分析能力——六觀。結論則提出〈知音〉篇需要商榷之問題，一則未對讀者在理解作品時之

心靈，作進一步探討；二則要做到完全「平理若衡」，有其實踐上之局限性。

201.《文心雕龍》文學批評理論研究　姬秀珠　筧橋學報　2期　頁
　　269-286　民84年9月

　　作者以爲《文心》實集中國古代文學批評理論之大成，其結構嚴謹，議論精湛，體系完備，敷陳詳覈，自成一家之言。其不僅爲我國文學批評理論中，揭示優善完備之批評方法——六觀，同時也奠定我國文學批評方法的基礎。是以《文心雕龍》實我國文學批評的瑰寶，是治文者宜奉爲圭臬之著作。

202.劉勰與蘇軾「文」、「道」觀念之比較——從《文心雕龍·原道》篇
　　談起　黃美娥　東南學報　18期　頁181-192　民84年12月

　　本文乃考述二人文道觀之異同。文中首就「文」之概念，分「由文的地位」、「文的產生過程」、「文的語言」、「文的功用」諸方面加以剖析；再探「道」之涵義，並說明「自然之道與儒道的溝通」；而後言及「文道合一」的過程，冀能明瞭二人會心之所在及其相異處。

203.《文心雕龍·通變》篇疏解　陳　拱　興大中文學報　九期　頁
　　59-81　民85年1月

　　作者首先就〈通變〉篇作注釋，其次作通釋。通變乃會通變化之義，就創作立場而言，須會通古今，而後在爲文、構體上始能有可大可久的變化。本文試就兩方面論通變之術。其一就文學創作方面言通變，乃切就「名、理相因」而言者。其二就文學改造上言之，以「矯訛、翻淺、還宗誥」爲文化改造上的「返本開新」，其方法必有賴「通變之術」。

204.自《文心雕龍・知音》論劉勰之文學鑑賞論　魏王妙櫻　東吳中
文研究集刊　3期　頁21-35　民85年5月

　　《文心雕龍・知音》論文學作品與讀者鑑賞之關係，由此篇可見
劉勰文學鑑賞論之梗概。〈知音〉主張評論者應突破一切蔽障，具備
公正、客觀、透明之態度，「無私於輕重，不偏於愛憎」，方能「平
理若衡，照辭如鏡」。劉勰進而強調品評文學，須才識學養俱到，對
文學有鑑賞能力，始足與言評論；加以文章猶如精金美玉，不能以口
舌貴賤之，遂建立「六觀」之標準，以為衡文鑑藝之準繩。作者以為
〈知音〉不特為文學批評之基石，且可為文學批評之應用，遂對之作
深刻闡述，以求能運用於了解文學作品之美學價值。

205.論文章瑕病──從《文心雕龍・指瑕》到《文史通義・古文十弊》
**　方元珍**　國家圖書館館刊　85卷1期　頁119-130　民85年5月

　　名家勝篇，偶犯瑕類，則如白璧有玷，勢所難免；而遑論一般述
作，稍有不慎，即可能辭義偏頗，是以如何消極去除寫作的缺失，實
與積極運用為文之技巧，同等重要。《文心雕龍・指瑕》與《文史通
義・古文十弊》，同為闡論文章瑕累之重要文獻，綜觀二篇之旨趣、
內涵，發現多有異代相望、桴鼓相應之處，是以本文特由二篇之「寫
作動機」、「論創作之避忌」，及「關涉之文學理論」三方面，探究
微旨，比較異同，以了解二人卓然自立、不屈抑從俗的勇氣，與開風
氣、拯時弊的苦心。

206.振葉尋根觀瀾索源──讀《文心雕龍・指瑕》　陳秉貞　人文社
會學科教學通訊　7卷2期　頁157-166　民85年8月

　　本文以為《文心雕龍》是我國學術上之重要典籍，但在歷來的圖
書分類中，卻無分確的定論，而近代西方的文學理論雖多，面對「文

學批評」、「文學理論」的範疇與定義，學者似無確切的認知。因此，作者先作觀念的釐清，針對文學研究的範疇，介紹了劉若愚的二分法和韋克勒與華倫主張的三分法，再根據沈謙參酌衆說後提出的四分法來探討《文心雕龍》的性質和〈指瑕〉篇的歸類問題，從而得出兩個結論：一、《文心雕龍》是「文學研究」的專著。二、〈指瑕〉是文學批評中之實際批評。

207. **《文心雕龍・物色》篇探微　黃端陽　錢穆先生紀念館館刊　4期　頁88-96　民85年9月**

本文從〈物色〉篇應列入文評論或文術論等各種不同想法中比較其中得失，且提出商榷之處。首先質疑范文瀾《文心雕龍・物色》注所云：「本篇當移在〈附會〉篇之下，〈總術〉篇之上，蓋〈物色〉猶言聲色，即聲色以下諸篇之總名，與〈附會〉篇相對而統於〈總術〉篇，今在卷十之首，疑有誤也。」因現存最早傳本元至正《乙未嘉禾本文心雕龍》，其篇次同於今本，故〈物色〉篇不應離開批評論之範疇。其次，說明〈序志〉篇之所以沒列舉物色，是因爲駢體文的發展所造成，並說明中國文學發展至六朝，由於個人情感的自覺，與語言文字的藝術形式受到重視，奠定純文學的基礎。

208. **《文心雕龍》對童蒙習文的幾點觀察　溫光華　中國語文月刊476期　頁92-94　民86年2月**

作者以爲劉勰《文心雕龍》不僅對專門從事著述的作家，也對童蒙初學作文者，有指導的功用與借鑑的啓示。劉勰以爲「才」、「氣」、「學」、「習」之於文章，前二者是「情性所鑠」，後二者是「陶染所凝」，才之庸儁、氣之剛柔、學之深淺、習之雅俗，決定了作品風格及優劣。本文作者以爲雖然才氣居主，學習居輔，童蒙習文若能透

過「博」、「雅」的學習過程，當可補先天才氣之不足，再加上為文時注意「標三準」、「正體製」，必有助於立意謀篇，而能「品藻玄黃，摛金振玉。」

209.由〈原道〉、〈徵聖〉、〈宗經〉談經學在《文心雕龍》中的實質意義　王杜木　中國語文月刊　477期　頁51-56　民86年3月

　　本文一開始即質疑劉勰所原之「道」是否為「儒道」？所謂〈徵聖〉、〈宗經〉是否為宣揚孔孟之道，承繼「言老」、「載道」之文學觀？下分三目論述，一、「道」的實質內涵，乃天地萬物本有美感特質的自然體觀。二、〈徵聖〉、〈宗經〉的基本思想。三、結論：劉勰重視語言的審美價值，從此文學不再是經典的附庸。

210.《文心雕龍·原道》篇之「道」義析辨──兼論文、道兩者之關係　黃瑞陽　東吳中文研究集刊　頁149-169　民86年5月

　　本文首先就歷來學者對〈原道〉篇中，所言「道」義區分出「儒」、「道」、「佛」及其他論點四類，對其各自主張加以說明與評論。其次，則從〈原道〉一文推究劉勰「文原於道」和「以道論愛」的意旨，進而闡明道為自然的意涵，使劉勰視自然為文學本源的宗旨，獲得證明。

211.自《文心雕龍·定勢》論勢與文章語言姿態之關係　魏王妙櫻　東吳中文學報　3期　頁237-251　民86年5月

　　本文提出：《文心雕龍·定勢》論述文章語態形成之由來、定則，暨決定作品語言姿態之條件，為劉勰「文術論」通論之一篇，屬於文章作法論之原則部分。篇中所言，乃強調「勢」之無定也，然因文勢體現於一文一字，無定之中有定，故仍須明體以定勢；定勢之要，在乎隨體，為文定勢，一切率乎文體之自然，若訛勢所變、效奇取勢，

皆所不宜。是故文中提示意新得巧、執正馭奇之定勢要領，此爲劉勰之千古創見，於創作論方面，具有嶄新之意義。

212.劉勰《文心雕龍》與曹氏兄弟文論　呂武志　國文學報　26期　頁107-136　民86年6月

本文旨在探討劉勰和曹氏兄弟之密切相關性，並比較其異同，以窺知我國古典文學理論在魏晉六朝之承傳與開展。全篇分甲、乙兩部分。甲、劉勰與曹丕文論的比較。乙、劉勰與曹植文論的比較。劉勰於二者之論皆有所承繼。故劉勰文論之能鍾事增華，臻於密備者，二曹昆仲披荊斬棘之功不可滅。

213.劉勰《文心雕龍》與桓範《世要論》　呂武志　中國文化月刊　210期　頁51-67　民86年9月

本文就嚴可均《全三國文》所輯十六篇桓範《世要論》觀之，內容多涉治國立身之道，然〈讚象〉、〈銘誄〉、〈序作〉三篇，有論及文體寫作及文風時弊者，遂以此篇深入探究本書與劉勰《文心雕龍》之關係。文中指出，在寫作目的與立言價值上，兩人看法相同；在針砭浮詭文風上，二者觀念一致，對銘誄之作，彼此均崇尚眞實，切忌浮誇，唯桓範主張運用政治力量禁止私作，劉勰則提倡以宗經來矯正文風。此外，在辨明文體源流和寫作要求方面，二者亦有傳承之跡，可見桓範《世要論》對劉勰《文心雕龍》確有影響。

214.《文心雕龍‧神思》篇創作理論試析　陶子珍　中國國學　25期　頁119-128　民86年10月

作者認爲〈神思〉以實際的創作經驗，總結出藝術構思的想像活動與創作技巧，是觀點的創發。文中先對「神」、「思」、「神思」

三詞分別釋名章義。再就「神與物游」、「陶鈞文思」、「博見貫一」三者討論創作構思之特質。最後就「意授於思，言授於意」「含章思契，杼軸獻功」二者探討「思」、「意」、「言」三者與創作的關係。

215.劉勰《文心雕龍》與傅玄〈七謨序〉、〈連珠序〉　呂武志　中國文化月刊　213期　頁15-32　民86年12月

本文旨在論述傅玄與劉勰文論之相關性，除前言、結論外，分四方面說明。一、在標舉文體論四大綱領方面：傅玄影響彥和最大者為文體論，二、在評論七和連珠體源流及作家方面：二者對探源與所標舉之作家不甚相同，可知劉勰對傅玄之論，有所傳承，亦有所創見。三、在闡示七和連珠體名義及特點方面：彥和論義明、詞麗、事圓、音澤四體要，與傅玄之論有相通處。四、在宗經的文學思想方面：彥和以為五經為我國文體之所出，有承繼傅玄之處。

216.從《文心雕龍·原道》篇看劉勰的文學起源論　黃東陽　中國文化月刊　頁72-82　民87年2月

本文內容以〈原道〉為體，參酌眾說，以窺探劉勰文學起源論的堂奧。其探索方法，則由分析劉勰所論「道」之原義入手，加以比較歸納，而得出〈原道〉所指之道，乃為「自然」。再依「自然」之義，逐段析論〈原道〉一文，以證文學源於自然之說。復以五經所論，加以徵驗，文末盛贊劉勰文原論之精妙，足見劉勰思想之特出與不凡。

217.劉勰《文心雕龍》與皇甫謐〈三都賦序〉　呂武志　中國書目季刊　31卷4期　頁81-89　民87年3月

本文旨在探討劉勰和皇甫謐文論的密切相關性，並深入比較其異同之點，以窺知我國古典文學理論在魏晉南北朝的承傳與開展。內容

係針對「揭示賦體名義和寫作要求」、「論述賦體源流和作家作品」雙方面做比勘。兩人雖然懸隔兩三百年，但將〈三都賦序〉與《文心雕龍》〈詮賦〉、〈宗經〉、〈序志〉、〈夸飾〉、〈情采〉等篇比較勘驗，得知劉勰酌採皇甫謐的看法，其間立論承襲，顯然有跡可循，並且進一步開創出更完整周密的文論體系。

218.劉勰《文心雕龍》與左思〈三都賦序〉　呂武志　孔孟月刊
　　36卷8期　頁24-30　民87年4月
　　作者統計《文心雕龍》屢稱左思達九次之多，以見彥和對其〈三都賦〉讚賞有加。本篇從兩方面來談〈三都賦序〉對《文心雕龍》論賦體，乃至對文學創作的影響。其一是在批評兩漢賦家造成文風浮詭，劉勰本左思之論，而有「驗理則理無可驗」、「虛用濫形」、「事義暌刺」之譏。其二是揭示賦體徵實的創作要求，亦是劉勰取法之源。

219.就劉勰所謂「博喻之富」以論《韓非子‧儲說》　黃端陽　東吳
　　中文研究集刊　5期　民87年5月
　　本文以〈諸子〉篇：「韓非著博愉之富」為始點，透過劉勰對「比喻」一詞的看法，以及《文心》全書中引《韓非子‧儲說》之內容，歸納彥和對《韓非子》所抱持的態度。

220.劉勰《文心雕龍》和陸雲〈與兄平原君書〉　呂武志　東吳中文
　　學報　4期　頁317-341　民87年5月
　　作者探討劉勰和陸雲文論的密切相關性，深入比較其異同，以窺

知我國古典文學理論在魏晉南北朝的承傳與開展。以《文心雕龍》五十篇及〈與兄平原書〉三十五首爲據，針對「見情後辭」、「重視體勢」、「提倡清省」、「力求精警」、「調諧聲律」、「養神衛氣」及「其他觀點」等七方面比勘、驗證，以得劉勰採陸雲之見以折衷、開創出更圓熟的理論體系。

221. 談劉勰與民間文學　方元珍　空大人文學報　7期　頁15-27　民87年6月

作者綜觀全書，以爲劉勰爲各體文學原始要終時，多具體陳述民間文學的題材、語言、形式等，有關民間文學各體作品的藝術特徵、寫作原則、立論至爲允當。劉勰不偏廢民間文學的折衷態度，於駢儷唯美文學盛行之南朝，益顯珍貴。

222. 經學、文學、史學的結合──《文心雕龍・史傳》篇初探　黃東陽　孔孟月刊　37期　頁38-44　民87年9月

本文鑑於今日學者對〈史傳〉篇之探討，僅發明其史學貢獻，對於其文論之建樹，闕而不論，首段針對史傳納入文體之例，其適當性與否及其意義作一探討，進而分論劉勰對史傳準則之建樹，又因史傳文體之特殊，劉勰對於文人德性的要求，又更不同於其他各體，故亦著墨不少，最後以劉勰對歷代史著之評述爲結。

蔡美慧、郭瓊瑜、許愛蓮　校對

伍、臺灣近五十年《文心雕龍》研究「碩博士論文」摘要

　　臺灣各大學中文（國文）研究所，碩士、博士研究生，以《文心雕龍》為研究對象，在教授指導下，撰寫的研究論文，自一九六四年來，數量多達二十五種，價值亦受到肯定。其中不乏外文研究所和哲學研究所撰寫之論文，足見劉勰《文心雕龍》體大思精，沾漑多方，特錄於此，用備參考。至於搜羅欠周，有所掛漏者，懇祈博雅指教，以便修訂補充。

1.**文心雕龍文學批評研究　李宗懂**　國立臺灣師範大學國文研究所碩
　士論文　民53年5月

　　文前為序言，每章標目用大字，正文用細字，共四章十節七萬餘言。

　　按作者自序，以為《文心》之評文，「則〈知音〉一篇，標六觀，鑑文情，論之詳矣。然而細案全書以及評文各語，分析而歸納之，於六觀之外，更得引喻、因情、論氣三目焉。而其中事義與取義匪壹，奇正不足以概文德，凡此皆評文之準也。又以分析、歸納，得其評文之法，若析解、直觀、徵引、比較、指異五種。次以評文之目的、修養共四節焉。」此為研究彥和文學批評理論者，頗具系統之作。

2.**劉勰明詩篇探究　劉振國**　私立中國文化大學中文研究所碩士論文
　民58年5月

　　作者劉振國，此文乃文化大學中研所碩士論文。文分五章，將劉

勰〈明詩〉篇中所提及有關詩之起源、流變,做完整周詳的資料補充,以期對《文心雕龍》盡補綴之事;另外亦對劉勰有疑義的意見提出駁正。首章概述劉勰之生平及其文學觀,兼述中國詩之特質。次章敘中國詩歌之孕育及起源,並敘五言詩與七言詩之時代和作者,兼論七言詩之起源與柏梁臺詩。三章述建安詩歌與詩人,特重建安七子與曹氏父子。四章述魏晉詩,介紹正始、太康詩人。末章述東晉到劉宋之詩壇與詩風。

3. 劉勰鍾嶸論詩歧見析論　陳端端　私立輔仁大學中文研究所碩士論文　民61年5月

　　本文專就劉勰之《文心雕龍》與鍾嶸之《詩品》對詩歌本體和詩人所作之平面批評探討二作見解之迥異,綜列為四項:一論詩歌創作之動機不同:對於所謂「四時感人,詩人騁懷」的寫作動機之來由,劉、鍾二氏都以感情的角度入手探討詩歌因緣,但劉氏又進而道出「抒發心之所之的志」乃創作的直接動機。二對聲律所持態度不同:二氏都以自然美為詩歌美聽之極則,但劉氏鑑於所謂「內聽」修養之難致,乃更立「外聽」原則為其憑藉,不僅提供寫作者可循的階梯,並能於四聲說興起未久之時吸收引用。三對「興」的解釋不同:二氏都未能超越毛鄭釋詩的傳統,因而附會政教於「興」義之上,但劉氏「興者,起也」之語,透露出他對於「興」的文學功能,還比較有些方法論上的認識。四對詩人的評價不同——凡八組:㈠張衡、班固;㈡應瑒;㈢王粲、劉楨;㈣曹丕、曹植;㈤潘岳、陸機;㈥張載、張協;㈦郭璞;㈧謝混、殷仲文。作者認為就劉、鍾二氏之歧見予以比較觀察,大致說來,劉勰的觀察力較深,觀察面也較廣,見解是稍勝鍾嶸一籌的。

4. 劉勰年譜　王金凌　私立輔仁大學中文研究所碩士論文　民62年5

月

卷首爲目次：即譜前，年譜，與附表。末列參考書目。其行文體例，除將譜主生平行事逐年著錄外，而尤著重譜主與當時關係人物之交往事蹟。前後費時兩年，參考專著二十九種，論文十篇，大凡有關劉勰生平之可考見者，靡不畢載。譜前從姚名達《中國目錄學史》說，徵《出三藏記》行文用字，與《文心雕龍》之造語如出一轍，斷是彥和手筆。又王《譜》對劉勰生平行事之旁徵博引，皆有可觀者。

5. **文心雕術語研究　陳兆秀**　私立中國文化大學中文研究所碩士論文　民65年6月

　　作者陳兆秀，此文乃文化大學中研所碩士論文（民國65年6月）。本文針對「文」、「體」、「氣」、「風」、「道」、「骨」、「情」、「采」、「奇」、「正」、「華」、「實」等十二個術語著手，一方面研究劉勰使用這十二個術語時之基本含義，以配合其文論主張。一方面搜集《文心雕龍》一書中有提到此十二個術語之詞組，就專門用語與普通用語二方面確定其意思，然後分類條列、整理、排比研究，期對各術語之正解能一目瞭然。

6. **文心雕龍與儒道思想的關係　韓玉彝**　私立輔仁大學中文研究所碩士論文　民66年5月

　　作者韓玉彝，此文乃輔仁大學中研所碩士論文（民國66年5月）。本文就思想型態上探討劉勰文論與儒道思想的關係，說明劉勰如何把儒道哲學轉化爲文論的基礎。共分五章，首章《劉勰傳略》，就其在文論上之地位，簡介其生平。二章「時代環境」，就當時政治與學術之概況，說明劉勰文論與時代之關係。三章「劉勰的學術淵源」，將各註家對《文心》之註解，就其出處作一歸類，並依〈隋書經籍志〉

之編次排列，以探討劉勰之學術淵源。四章「文心雕龍與儒家思想」，以儒家學說分析劉勰文論的基本精神。末章「文心雕龍與道家思想」，探討劉勰如何將道家的養生之義引用到文術修養上。

7. 文心雕龍指瑕之研究　陳坤祥　私立中國文化大學中文研究所碩士論文　民69年5月

本論文旨在剖析《文心雕龍·指瑕》篇的性質歸屬和所指何瑕。內容共分九章。首章緒論、第二章理瑕、第三章體瑕、第四章事瑕、第五章語瑕、第六章字瑕、第七章勦襲之瑕、第八章注解謬誤之瑕、第九章結論。作者以爲「彥和指瑕凡五十五次，作家四十人，作品見存者少，亡佚者多。足見指瑕非但爲彥和完整文學理論系統之一，且在當時已普獲文壇之公認。」

8. 文心雕龍述秦漢諸子考　顏賢正　私立東吳大學中文研究所碩士論文　民72年

本論文共一冊，約十萬字，全文依照諸子派別考證，與一般綜論性質者不同，故不標示章節與篇次。其結構依次爲自序、緒論、《文心雕龍》引述秦漢諸子、附錄等四部分。

本文旨在探討《文心雕龍》引述秦漢諸子之文辭，以究彥和論文造語之本。所錄秦漢諸子分別爲：孟子、荀子、老子、莊子、列子、管子、商君書、韓非子、呂氏春秋、法言、淮南子、論衡凡十二家及其著作。

其寫作體例首列《文心雕龍》原文，次爲所述子書之原文，再次爲按語。按語之內容，首述諸子原文之本意，次言《文心雕龍》引述之用意，運用之方法，並比較其異同。

前人讀《文心雕龍》，每嘆其書難解者，蓋未明乎《文心》造語

之本也。斯文之撰，使《文心雕龍》與秦漢諸子間之文辭、義理有明確之系聯，於此或有助讀者了解劉勰運思之精密，造語之本根，甄採之完備，對研究《文心雕龍》而言，或不無小補焉。

9.文心雕龍對後世文論之影響　陳素英　私立東吳大學中文研究所碩士論文　民74年

　　論文內容：全一冊，約十六萬餘字，分四章，十餘小節。

　　《文心》體大慮周，為我國文論之經典，內容涵蓋「文原論、體裁論、創作論、批評論」，舉凡論文要項，皆兼收並蓄，對後世文論之影響，可謂窮高樹表、極遠啓疆者也，本書撰述主旨，即以《文心雕龍》作基點，期對我國文論觀瀾而索源。

10.劉勰文心雕龍與經學　蔡宗陽　國立臺灣師範大學國文研究所博士論文　民78年6月

　　本論文約十五萬字，分十章二十五節。

　　首章緒論，回顧歷來研究之梗概，進而承前人未竟之緒，期能擅研劉勰《文心雕龍》與經學之關係。

　　第二章為劉勰之生平與著作，從劉勰家世、生平、著作，探討其與經學之關係。

　　第三章言《文心雕龍》之寫作背景與成書經過，由文心雕龍之寫作背景與成書經過，討論其與經學之相關。

　　第四章為劉勰對經典之體認，分別自經典之義用、孔子與經典之關係二端，觀劉勰對經典學以致用之概況。

　　第五章言《文心雕龍》之撰述與經典關係，從寫作動機、全書結構、援用經文、遣詞造句四方面，析論其與經學無不有關。

　　第六章爲劉勰文原論與經典，首論「劉勰文原論」宗經觀之遠源近因，次言「劉勰文原論」之內涵源於經典，末述「劉勰文原論」之宗經觀對後世之影響，以見經典爲文學之本原也。

　　第七章言劉勰文體論與經典，由「劉勰文體論」之架構、分類及其宗經觀對後世之影響，以闡述經典爲文體之所出也。

　　第八章爲劉勰文術論與經典，自「劉勰文術論」之創作技巧、修辭方法及其宗經觀對後世之影響，以推闡經典爲文術之張本也。

　　第九章言劉勰文評論與經典，從「劉勰文評論」之批評素養、理則及其宗經觀對後世之影響，以析論經典爲文評之準則也。

　　第十章結論，並闡明劉勰於經學式微、佛老並興之世，侈靡淫麗文風之時，猶能揭「徵聖宗經」之纛，作「正末歸本」之吼，尤爲可貴。

11.**文心雕龍通變觀與創作論之關係　徐亞萍**　國立高雄師範大學國文研究所碩士論文　民78年

　　《文心雕龍》以其體大思精、抉幽闡微而成爲文論中承先啓後的一部巨構。本論文旨在探討貫串全書的通變觀與創作論之間的關係。根據《文心雕龍》原典並佐以台灣與大陸的相關研究專書、學位論文及期刊論文等爲主要參考文獻，做深入剖析、詮釋與論證。

12.**文心雕龍時序篇研究　呂立德**　國立高雄師範大學國文研究所碩士論文　民78年

　　《文心雕龍》爲一部首尾圓合，條貫統序之文論鉅著。其文評論諸篇，崇替褒貶，揚搉古今，爲《文心》批評之總薈。尤以〈時序〉一篇，論述文學與時代背景之關係，精到深刻，具體完備，足爲後世

治文學史者所法。故矢志專研，深其骨髓，探其義蘊，以揚彥和之文論。首明〈時序〉篇命篇之旨意，以爲進入正文前之認識與定位。次深入本篇之原典，析究其所蘊藉之精言奧義，並作歸納組合，再進行創作。於原典之探究中，再聯繫《文心》他篇及史籍所論，互相發萌，此類論證。由本篇之內容義蘊及其相關問題，逐章剖析，彥和之論，則可得而明矣。

13.文心雕龍通變觀考探　胡仲權　私立東吳大學中文研究所碩士論文　民78年

本論文共一冊，近二十萬字，凡九章，二十四節。本文旨在考探《文心雕龍》中通變一詞的來源、意義、內涵，以及全書在此一意義下實際運用的情形。在章句的疏證方面，除參考各類版本外，復參酌近人考訂、校注方面的著作；在內容的銓評方面，首就通變的根源、意義與內涵的銓別入手，進而就通變的內涵分爲文學理論、文學批評、文學史觀三部門，依次闡明其於通變意義下實際運用的情形，論說之依據，以《文心雕龍》原書所載爲圭臬，復斟取歷來相關之著述；在價值論定方面，則總結全文所論各部門的不同成就，以彰顯其多方面的價值。

14.劉勰文心雕龍中之文質彬彬論　李得財　私立東海大學哲學研究所碩士論文　民79年

本文是以《文心》之文質彬彬論，作爲探討之核心，並緊扣此核心，逐層逐次地展開對《文心》美學理論系統之探討。

本文論述之程序爲：首章將闡明、釐清劉勰在文學作品這一範疇上使用「文」、「質」二字之三層次意涵，及其在理論上之相互關聯，並以指稱作品形式與內容這一層意涵的文質論作爲論述之主軸，繼而在

第二章探討文學作品文質（形式與內容）問題，以闡述劉勰論作品中文質應有之合理關係，及其所面對的文質關係脫落之時代課題。第三章探討文學本質、創作問題及其與文質之關係，以闡明劉勰如何以文質彬彬論貫穿、延伸於《文心》之理論系統。第四章將以前三章之結論爲基礎，細部論述創作歷程中之文質彬彬問題，以探析劉勰論「如何」使作品文質彬彬結合之原理和方法。最後，第五章將以整體性的觀點，探討文質彬彬論與文體品鑑的關係，並且回到本文論題的出發點：劉勰使用文質二字意涵所形成的三層次之文質彬彬論，通過對本文論述之簡要回顧，檢視其本身是否具備理論之系統性、圓融性？並從「常」與「變」的觀點。略述其與中國美學發展特質之關係，以作爲本文之結論。

15.**文心雕龍風格論探究**　**鄭根亨**　私立東吳大學中文研究所碩士論文 民80年

本論文共一冊，近九萬多字，以六章十三節形成。《文心雕龍》一書是中國文學史上傑出的文學理論兼批評之書。劉勰以前，中國文學理論已經有了悠久的歷史，並且獲得了相當的成就，而給劉勰提供了對於其文學理論思想的博採眾長及其獨創性。《文心雕龍》文學理論結構也在劉勰這種文學思想的基礎之下形成。《文心雕龍》的結構，可分爲文原論、文體論、文術論、文評論等多方面。本論文重在文術論中風格論的含義及其實踐論而論述探究。

16.**文心雕龍「道沿聖以垂文」之研究**　**張秀烈**　國立台灣師範大學國文研究所博士論文　民81年7月

本論文共一冊，內分六章十八節。第一章緒論，第二章「文之樞紐」的結構，第三章「原道心以敷章」，第四章「論文必徵於聖」，

第五章「窺聖必宗於經」，第六章結論，作者自謂：「本論文在以《文心雕龍・原道・徵聖、宗經》三篇爲主要研究對象，探討各篇的問題，以及在全書中的地位，並進一步討論「道」、「聖」、「文」三者之間的互動關係，來闡明「道沿聖以垂文」的實質內涵。」

17.**文學的心靈及其藝術的表現──文心雕龍的美學　金民那　臺灣師**範大學國文研究所博士論文　民81年

　　本文嘗試從《文心雕龍》書名本身所含有的文藝美學意蘊論起，藉以進入《文心雕龍》探討文藝問題的分析系統，找出《文心雕龍》所闡明文藝美學的基本範疇，而表明《文心雕龍》被稱爲文藝美學理論書的根據。故本文基本上跟著《文心雕龍》「剖情析采」的系統，採取以今解古的方式，來分析以「文心」（文學的心靈）與「雕龍」（語言文字的藝術的表現）兩大主題貫串的《文心雕龍》的理論整體。

　　本稿對於《文心雕龍》文藝美學理論的解析，是由「爲什麼」──「是什麼」──「意義和價值」的程序而進行。就「爲什麼」而言，將劉勰著作《文心雕龍》的主、客觀方面的動機與目的和六朝文藝美學發展的原因及特性聯結起來，進而探討由《文心雕龍》所見到的文藝美學觀念與理論產生的原因。就「是什麼」而言，首先由解析《文心雕龍》的「樞紐論」與〈情采〉篇，清理出貫串全書的文藝美學理論的基本體系及它所涉及的範圍──作者、作品、讀者。然後進一步分章而進行對各範圍的具體探討。就作者而言，探論作者對外物的審美感知、憑藉想像而進行的文藝構思、作者的審美心態及其修養工夫等問題，從而闡明劉勰所論作者「爲文之用心」本身便是對「物」與「辭令」（語言文字）的美感活動。其中對「辭令」的美感活動便是文藝所以爲文藝的特質。故劉勰在討論「爲文之用心」，特別強調語言文字的藝術加工問題。於是，由探討從語言文字的形、聲、義特性所構成文藝的視、聽覺美感及心靈美感，表明劉勰所講究語言文字的藝

術的運作法及從其中作者所預設的藝術效果。就作品而言，從《文心雕龍》所見作品風格的審美理想典範——「聖文之雅麗，銜華而佩實」及對作品整體的審美風格要求——「風清骨峻，篇體光華」著眼，說明具有藝術價值的作品，它所呈現審美風格及其特點。從而顯示劉勰對作品風格的審美理想論所具有普遍的美學意義。就讀者而言，討論「披文以入情」的審美經路與因人而異的審美趣味和感受、及劉勰所提出理想的審美活動境界——即由深識鑑奧的藝術造詣所得到「歡然內懌」的「滋味」美感。從而闡明劉勰心目中的鑑賞水平及其普遍的美學意義。就「意義和價值」而言，從《文心雕龍》所呈現文藝審美觀，找出其所具有歷史特性和超越時空而存在的普遍的共性，由此評估它的歷史價值和普遍的美學意義，進而發見它兼具歷史特性和普遍共性的原由。

本文透過以上的探論，找出對筆者認為既存的有關《文心雕龍》美學研究成果中未得到解決的幾個問題的解答，進而表明以今日的文藝觀念研究古代文論的意義，不僅在於了解當時的文藝審美意識及其論者獨到的美學見解，進一步的更在於透過各種方法使過去的文藝美學觀與今日要建立的文藝美學觀銜接起來，使過去的文論對今日的文藝創作、鑑賞活動和文藝美學理論的建構，能夠發揮它所應有的作用。

18.**黃侃及其文心雕龍札記之研究　魏素足**　國立臺灣師範大學國文研究所碩士論文　民84年

本論文共分九章，除首章緒論外，第二章考季剛的家世、生平事蹟、師承交遊、著作介紹。第三章探討《札記》的成書經過、時代背景及版本考異。四至六章，研究《札記》寫作體例、理論淵源及主要思想內容。第七章剖析《札記》之美中不足，以明其得失。第八章肯定其在文論方面的成就，及其對後人的影響。末章結論。

19.**劉勰文心雕龍之審美觀　吳玉如**　國立臺灣師範大學國文研究所碩士論文　民84年

《文心雕龍》是中國美學史上的一顆明珠，本文以分析與歸納之方式，通過對《文心雕龍》原典全面的檢閱，用劉勰的語言，透視劉勰的審美觀，試圖在西方美學研究的熱潮中，尋求眞正屬於中國美學的精神面貌。

20.**劉勰的自然審美觀與文質合一論　劉志堅**　私立東海大學哲學研究所碩士論文　民國84年

劉勰所著的《文心雕龍》全書共五十篇，約三萬五千言左右，文中除了將歷代文章做一系列的整理與總結，另外也探討了文藝創作的技巧與方法，但其中最重要的卻是他所提出的「文原於道」的美學命題，以及主張「自然會妙」、「文質相稱」的文藝審美理想。這些觀念的提出，不僅影響後來文藝創作理論的發展，同時也顯出劉勰在文藝美學方面的獨到見解。

本文所討論的觀點，除了著重在劉勰如何從對「道」的體認，進而發展出「自然」的審美觀念外；亦將討論劉勰如何將「自然」貫穿其文藝創作理論，並從其審美的理想標準中，探討「文」「質」如何調和融適的可能關係。

21.**劉勰與鍾嶸的詩論比較研究　朴泰德**　國立臺灣師範大學國文研究所博士論文　民國84年10月

本論文共分爲六章。

第一章「緒論」。先略述劉勰與鍾嶸所處的齊梁之際的政治背景、社會風氣、文學風尚，以便瞭解劉、鍾二氏詩論背景，次述劉勰與鍾嶸的生平事蹟，《文心雕龍》、《詩品》的成書年代及二書的寫作動

機，略可窺見劉勰與鍾嶸詩論主張何以相異之故。

　　第二章「劉勰與鍾嶸論詩體之比較」。先抒發劉勰與鍾嶸對四、五言詩體的觀點，比較其持論。次述劉勰與鍾嶸對樂府詩的觀點，比較其異同。末論劉勰與鍾嶸對五言詩起源的觀點，比較其持論立場。

　　第三章「劉勰與鍾嶸詩歌創作理論之比較」。首先闡論劉勰與鍾嶸的情采觀、風骨觀、才學觀、形似觀，再逐次比較劉勰與鍾嶸的持論立場及同異之故。

　　第四章「劉勰與鍾嶸詩歌創作技巧之比較」。茲先析論劉勰與鍾嶸的比興觀、聲律觀、事類觀，再逐次比較劉勰與鍾嶸的持論立場及同異之因。

　　第五章「劉勰與鍾嶸詩評之比較」。本章就鍾嶸《詩品》的次第及排列法爲順序，以劉勰與鍾嶸所共同加以評論的詩人、詩篇爲範圍，上品取〈古詩〉、曹植等九位詩人；中品取曹丕、嵇康等十四位詩人；下品取曹操、曹叡等十三位詩人，就詩人的詩篇作爲重要依據，詳細比較劉勰與鍾嶸對上述詩人及其詩篇的詩評。

　　第六章「結論」。

22.文心雕龍修辭論研究　李相馥　私立中國文化大學中文研究所博士論文　民國 85 年 12 月

　　《文心雕龍》既是一部文學理論和文章學的著作，也是一部較爲系統地論述修辭的著作。它對先秦以來一千年左右的中國修辭理論的發展作了全面的總結，修辭思想之豐富，修辭範圍之廣闊，修辭觀點之精當，都是空前的。它論述了修辭的原則、修辭手法、字句篇章修辭、修辭的鑑賞、文體風格和作品風格等多個方面。

　　研究方法大體上分爲五方面，以語音修辭、詞語修辭、修辭格、篇章修辭、句法修辭等，做爲研究的主體，而以分析、比較、綜合等

方法來研究之。

　　本書凡分七章：首章爲緒論。次章言《文心雕龍》前驅理論：先簡介劉勰的生平及其思想淵源而探討總綱的矛盾性與特殊性；次以前人文學作品的系統整理來論《文心雕龍》內容上的特性；再以歷代文學創作經驗的總結來加以整理、提煉，去僞存眞，去粗取精，形成自己嶄新的文學創作論的理論體系；最後論述《文心雕龍》的成就與謬誤。第三章言《文心雕龍》修辭論溯源：首先討論修辭和修辭學的涵義；次言先秦時期的修辭論；再言兩漢時期的修辭論；最後言魏晉南北朝時期的修辭論。第四章言《文心雕龍》時代的文學思想：略述魏晉南北朝時期的社會、政治、文學思想與其彼此間的關係以及撰《文心雕龍》的歷史背景和時代條件。第五章言《文心雕龍》修辭技巧：探討《文心雕龍》的語音修辭技巧、詞語修辭技巧、修辭格、篇章修辭技巧、句法修辭技巧等。第六章言《文心雕龍》在中國修辭學史上的地位與價值。第七章爲結論。

　　綜上所論，《文心雕龍》的修辭論內容相當豐富，是劉勰對當時文學創作和文章寫作中新出現的修辭技巧的理論總結，以推動當時的文學創作健康、繁榮地發展。

23.劉勰文心雕龍文體論研究　劉　渼　國立臺灣師範大學國文研究所博士論文　民國86年

　　劉勰《文心雕龍・明詩》至〈書記〉二十篇，分量佔全書五分之二以上，重要性不言可喻。然有關的研究，卻是龍學中最爲薄弱的一環，是以不揣淺陋，以《劉勰文心雕龍文體論研究》爲題，作深入探討。

　　劉勰本其宗經思想，以「原始以表末，釋名以章義，選文以定篇，敷理以舉統」四大綱領爲主，內容充實，體例完密。其於文體的選擇、分

體設篇及論述上均有顯著的特色，如選體的時代性、普遍性，分體的多重標準與立篇的層次性，論述方法的多樣性、論點的文學性、用語的精準性等。

　　至其理論，不但集前代文體論的大成，奠定了《文心》下篇的基礎，於分體文學史、文學批評、美學思想、國文教學等方面，皆有震古鑠今的價值。並對當代與後代的文論、史論、總集編纂與序說，都有深遠的影響。

24.文心雕龍黃注紀評研究　溫光華　國立臺灣師範大學國文研究所博士論文　民國86年

　　清代大儒黃叔琳纂著《文心雕龍輯注》，集校、注、點、評四大工夫於一書，內容詳備，流傳廣遠，為最通行之刊本。紀昀取為評點，提出不少評驚匡正之意見。兩者合併刊梓，相得益彰，成為《文心雕龍》研究之要籍，並為近代《文心雕龍》之研究確立規模。今探究「黃注紀評」之微旨，期能呈現其價值真貌。

25.文心雕龍之修辭理論與實踐　胡仲權　私立東吳大學中文研究所博士論文　民國87年5月

　　本論文共分八章：第一章《文心雕龍》與修辭學、第二章《文心雕龍》論辭與修辭之義蘊、第三章《文心雕龍》修辭學之體系、第四章《文心雕龍》之消極修辭理論、第五章《文心雕龍》之積極修辭理論、第六章《文心雕龍》之創作修辭實踐、第七章《文心雕龍》之修辭鑑賞實踐、第八章結論。每章之下，必各列子目，文長約三十萬言。

　　　　　　　　　　　　　　　　林怡宏、魏素足　校對

陸、臺灣近五十年《文心雕龍》
研究「論文集」摘要

　　《文心雕龍》「體大慮周，籠罩群言」，學者各逞己見，進行研究，而好事者加以搜羅，以免奇珍異寶，委之於地，故匯為一編，大省讀者翻檢之勞。或有個人為文，雖零縑碎金，無一貫體系，但亦屬嘔心瀝血，何忍久藏篋笥，視同敝屣，遂加整編，以「論文集」名之。又近年專門以《文心雕龍》而召開學術討論會，事後集結成書者。此處蒐得論文集八種，在臺灣近五十年《文心雕龍》之研究中，有此戔戔，實屬不易，知音君子，其垂意焉。

1.**文心雕龍研究　易蘇民編　臺北**　昌言出版社　民國57年11月

　　本書一二四頁，一九六八年十一月十二日由發行人兼主編易蘇民的昌言出版社印行。書中搜輯論文六篇、注釋一篇、附錄一篇。計有熊公哲的〈劉勰評傳〉、華仲麐的〈文心雕龍要義申說〉、羅根澤的〈文心雕龍之研究〉、張嚴的〈文心雕龍考評〉、廖蔚卿的〈劉勰論時代與文風〉、曹昇的〈文心雕龍書後〉、鍾露昇的〈劉勰神思譯注〉。書末附錄王素存的〈孔子壽數考〉一文。

2.**文心雕龍論文集　黃錦鋐等**　淡江文理學院中文研究室　民國59年11月

　　本書二五五頁，一九七〇年十一月由臺灣私立淡江文理學院中文研究室編輯出版，二十五開本。這是臺灣地區出版的第一部研究《文心雕龍》的論文集，由黃錦鋐主編，內容共選錄該校中文系八位教授

的作品，計有施淑女的〈玄學與神思〉，韓耀隆的〈文心雕龍五十篇贊語用韻考〉，黃錦鉉的〈空海文鏡秘府論與文心雕龍的關係〉，王仁鈞的〈文心雕龍用易考〉，胡傳安的〈文心雕龍論詩〉，傅錫壬的〈劉勰對辭賦作家及其作品的觀點〉，王甦的〈文心雕龍的文學審美〉，唐亦璋的〈從文心雕龍看傳統與文學創作的關係〉，書前冠有該院院長張建邦序。

3.文心雕龍論文集　鄭　蕤　台中光啓出版社　民國61年6月

本書一〇九頁，一九七二年六月由臺灣台中光啓出版社發行，三十二開本。當時作者任教於臺中師範專科學校，書由四篇論文集結而成。內容包括：一《文心雕龍》體性篇中的八體。二《文心雕龍》神思篇中虛靜二字境界的探討。三試論《文心雕龍》與《昭明文選》在文學體類上的區別。四試論陸機的〈文賦〉與《文心雕龍》。

4.文心雕龍論文集　黃錦鉉編譯　學海出版社　民國68年1月

本書共一五一頁。一九七九年一月由臺灣臺北學海出版社印行，二十五開本。內容共選輯三篇文章，其中一篇是黃氏寫的〈空海的文鏡秘府論與文心雕龍的關係〉，另外兩篇則爲楊明照的〈文心雕龍范注舉正〉和日人斯波六郎著由黃氏翻譯的〈文心雕龍范注補正〉。楊明照的〈舉正〉，係就《文心雕龍》范注加以駁正，計有三十八條；斯波六郎的〈補正〉較爲晚出，爲避免重複，凡看法與楊氏不謀而合者，概不記載，故二篇可合看。

5.文心雕龍論文集　陳新雄、于大成編　木鐸出版社　民國68年

本書共一八〇頁，一九七九年十二月經由臺灣臺北木鐸出版社發行，二十五開本。編者專門搜集早期發表而居今難見之資料，共十二

種。內容包括趙萬里〈唐寫本文心雕龍殘卷校記〉，潘重規〈唐寫本文心雕龍殘本合校〉，王叔岷〈文心雕龍斠記〉，李詳〈文心雕龍黃注補正〉，陳延傑〈讀文心雕龍〉，劉節〈劉勰評傳〉，饒宗頤〈文心雕龍與佛教〉，傅振倫〈劉彥和之史學〉，闞珊〈讀中大藏明本文心雕龍〉，李笠〈讀文心雕龍講疏〉，陳準〈顧黃合校文心雕龍跋及附錄〉，黃侃〈補文心雕龍隱秀篇〉。所收作品大抵發表於一九二六年到一九四九年之間，見於國粹學報、東方雜誌、國學月報上刊出的作品。

6. 文心雕龍研究論文選粹　王更生編　育民出版社　民國69年9月

　　本書共六八四頁，一九八〇年九月由臺灣臺北育民出版社印行，二十五開本。在取材方面，編者從一九六九年開始蒐集，到一九七九年夏定稿付梓，其間經過十個寒暑。從二十六種不同雜誌和學報中，選錄了三十八篇作品，作為近七十年來「文心雕龍研究論文」的代表。在內容方面可以分為八類：凡考訂劉勰生平行事者，列為史傳類，計兩篇。通論《文心雕龍》全書大要者，列為通論類，計九篇。由序志篇考察劉勰的行文體例者，列為緒論類，計一篇。探索劉勰文學思想淵源者，列為文原論類，計七篇。研究《文心雕龍》文章體類者，列為文體論類，計三篇。闡揚劉勰創作技巧者，列為文術論類，計六篇。發明劉勰的批評理則者，列為文評論類，計五篇。至於不屬以上各類，而性質和《文心雕龍》有關者，總歸雜纂類，計五篇。論文作者如果去其複重，共得三十五人，遍及國內外，包括臺灣九位，大陸五位，香港十八位，美國二位，韓國一位，頗能反映各地區研究《文心》的成果。

7. 文心雕龍綜論　中國古典文學研究會主編　臺灣學生書局印行　民

國77年5月

　　本書共四八三頁，於一九八八年五月由臺灣臺北學生書局發行，二十五開本。內容包含了十七篇與《文心雕龍》有關之論文，全部發表於一九八七年十二月十二、十三兩天在臺北舉行的「以文心雕龍為中心的中國文學批評研討會」中。會議由國家文藝基金會策劃，中國古典文學研究會及臺灣師範大學共同舉辦。這十七篇論文計有沈謙的〈從文心雕龍論修辭之「夸飾」〉、紀秋郎的〈從比較文學的觀點試論文心雕龍的奇正觀〉、陳耀南的〈文心風骨群說辨疑〉、顏崑陽的〈論文心雕龍「辯證性的文體觀念架構」——兼辨徐復觀、龔鵬程「文心雕龍的文體論」〉、賴麗蓉的〈文心雕龍「文體」一詞的內容意義及「文體」的創造〉、李瑞騰的〈陸機：理新文敏，情繁辭隱——文心雕龍作家論探析之一〉、王更生的〈王應麟和辛處信「文心雕龍注」關係之研究〉，岑溢成的〈劉勰的文學史觀〉、江寶釵的〈從「文心・正緯」論緯讖源始及其神話性質與功能〉、侯迺慧的〈由「氣」的意義與流程看文心雕龍的創作理論〉、呂正惠的〈「物色」論與「緣情」說——中國抒情美學在六朝的開展〉，龔鵬程的〈從「呂氏春秋」到「文心雕龍」——自然氣感與抒情自我〉、蔡英俊的〈「風格」的界義及其與中國文學批評理念的關係〉、鄭毓瑜的〈由「神與物遊」至「巧構形式」——劉勰的「形神」說及其與人物畫論「形神」觀念之辨析〉、周鳳五的〈由文心雕龍辨騷、詮賦、諧讔論賦的起源〉、楊振良的〈論王驥德曲律對文心雕龍審美上的因襲〉、鄭志明的〈從文心雕龍談民間文學研究的困境〉。書前有前言，書後附錄了陳奇祿的「開幕詞」、張夢機的〈「中國文學批評研究會」籌備經過〉、柯慶明的〈觀察報告〉及張夢機主持的〈會前座談——文心雕龍研究的檢討與展望〉等資料。

8.文心雕龍國際學術研討會論文集　日本九州大學中國文學會主編

文史哲出版社印行　民國81年6月

　　本書二九三頁，由日本九州大學中國文學會主編，臺灣文史哲出版社發行，除書前九州大學文學部教授町田三郎的序以外，共收十五篇論文。計中國的七篇、臺灣的五篇、日本兩篇、香港一篇。如楊明照的〈文心雕龍研究序〉、岡村繁的〈文心雕龍中的五經和文章美〉、黃錦鋐的〈文心雕龍文原理論的思想淵源〉、王運熙的〈釋楚艷漢侈，流弊不還〉、黃維樑的〈現代實際批評的雛型——文心雕龍辨騷今讀〉、穆克宏的〈志深而筆長，梗概而多氣——劉勰論建安七子〉、郁沅、洋列榮、謝昕三位合著的〈文心雕龍審美感應論探微〉、方元珍的〈論文心雕龍之文章藝術〉、蔡宗陽的〈文心雕龍修辭技巧〉、張少康的〈文心雕龍在中國文學批評史上的地位〉、馬白〈近年來中國文心雕龍研究的現況及趨勢〉、王更生的〈龍學研究在臺灣〉、馬白的〈淮南子與文心雕龍〉、甲斐勝二的〈文心雕龍和詩品比較札記——其文學獨立的思想基礎〉、顏瑞芳的〈錢基博文心雕龍校讀記探究〉。書末附「作者簡介」。

　　　　　　　　　　　　　　　　　吳品賢、陳佳君　校對

柒、臺灣近五十年《文心雕龍》
研究「域外學者論著」摘要

有些《文心雕龍》學者，其籍雖不隸屬臺灣；但其作品卻在臺灣出版或雜誌登載。其中又分單篇論文和專門著作兩種，近十多年來，由於兩岸交流，海峽開放，學術界人士往來頻繁，大陸學者之著作，為臺灣學術界重視而接洽出版者，尤更僕難數。此處所謂「域外學者」，於專書部分止取臺灣光復初期之著作，單篇論文，則不受此限。綜計所得：計專書七種、單篇論文十四篇。因個人精力有限，所見難稱無遺珠之憾，尚祈知者亮察。

1.**文心雕龍札記　黃　侃**　臺北文星書店發行　民國54年11月

蘄春黃侃季剛譔，一九一九年北京文化學社刊印，一九六二年十二月香港新亞書院中文系增訂發行。一九六五年十一月臺北文星書店發行《文星集刊》，遂取北京文化學社舊本重行排印，分裝三冊，此即目前在臺最通行之板本。按黃季剛先生於一九一四年至一九一九年講授《文心雕龍》於北京大學，作為《札記》三十一篇，即自〈原道〉至〈頌贊〉九篇，〈議對〉至〈書記〉二篇，〈神思〉至〈總術〉十九篇，〈志序〉一篇。創解殊多，極受學術界之重視。一九一九年後，先生執教於武昌高等師範學校，並將《札記》印作講義。初黃氏於北平時，北京文化學社亦將〈神思〉以下二十篇刊布。一九三五年先生病逝南京後，《札記》極不易見，繼由季剛哲嗣黃念識編印，並作有後記，駱鴻凱撰《物色篇札記》亦附其內。一九六二年婺源潘重規先生講學香江，教課之餘，因取北京、武昌二本合編付梓；另將其在學

時自撰之《讀文心雕龍札記》三十四條，殿於全書之末，潘氏跋其後
云：「是書雖非完稿，然季剛先生早歲論文大旨略存於是矣。」民國
鼎革以前，清代學士大夫多以讀經之法讀《文心》，大別不外校勘、
評解二途，於彥和之文論思想甚少闡發。黃氏《札記》適完稿於人文
薈萃之北大，復於中西文化劇烈交綏之時，因此《札記》初出，即震
驚文壇，從而令學術思想界對《文心雕龍》之實用價值，研究角度，
均作革命性之調整，故季剛不僅是彥和之功臣，尤爲我國近代文學批
評之前驅。其對彥和文論思想之闡發；如〈宗經〉篇札記「宗經者，
則古昔，稱先生，而折衷於孔子也。夫六藝所載，政教學藝耳。文章
之用，降之至於能載政教學藝而止。挹其流者必探其原，攬其末者必
循其柢，此爲文之宜宗經一矣。經體廣大，無所不包，其論政治典章，則
後世史籍之所從出也。其論學術名理，則後世九流之所從出也。其言
技藝度數，則後世術數方技之所從出也。不觀六藝，則無以見古人之
全，而識其離合之理，此爲文之宜宗經二矣。雜文之類，名稱繁穰，
循名責實，則皆可得之於古。彥和此篇所列，無過舉其大端，若夫九
能之見於《毛詩》，六辭之見於《周禮》，尤其淵源明白者，此爲文
之宜宗經三矣。文以學成，則訓故爲要，文以義立，則體例居先，此
二者又莫備於經，莫精於經，欲得師資，舍此何適，此爲文之宜宗經
四矣。謹推劉旨，舉此四端，至於經訓之博厚高明，蓋非區區短言所
能揚榷也」。〈辨騷〉篇酌奇而不失其貞條云：「彥和論文，必以存
眞實爲主，亦鑑於楚艷漢侈之流弊而立言。其實屈宋之辭，辭華者其
表儀，眞實者其骨骾，學之者遺神取貌，所以有僞體之譏」。又如〈
定勢〉篇札記：「惟彥和深明勢之隨體，故一篇之中數言自然，而設
譬於識綜之因於本地。善言文勢者孰有過於彥和者乎？若乃拘一定之
勢，馭無窮之體，在彥和時則有厭黷舊式顚倒文句者，其後數百年，
則有磔裂章句隳廢聲均者，彼皆非所明而明之，知文勢之說者所不予

也。要之，文有坦塗而無門戶，彼矜言文勢，拘執虛名，而不究實義，以出於己爲是，以守舊爲非者，亦盍研彥和之說哉！」其發明《文心雕龍》行文之體例云：「彥和用經字多異於今本，如發揮作發輝是也。」「此與後章文繡鞶帨，離本彌甚之說似有差違，實在彥和之意以爲文章本貴修飾，特去泰去甚耳。全書皆此旨。」其明彥和造語之原云：「夫有肖貌天地；此數語本《漢書‧刑法志》，彼文曰：『夫人肖天地之貌，懷五常之性』。則此有字當作人字。」見序志篇札記。「九序惟歌；〈僞大禹謨文〉。」「五子咸怨；〈僞五子之歌文〉」。其於彥和行文之缺失，亦間有針砭之辭，如〈宗經篇〉「覽文如詭」條下，云「案《尚書》所記，即當時語言，當時固無所謂詭也。彥和此語，稍欠斟酌。然韓退之亦云：周誥殷盤，佶屈聱牙矣」。〈辨騷篇〉羿澆二姚與左氏不合條下，云「案班孟堅〈序〉譏淮南王安作〈傳〉，說羿、澆、少康、二姚、有娀、佚女皆各以所識有所增損，非譏屈子用事與左氏不合，彥和此語蓋有誤」。其他如發明一篇之作意，藉《文心》措辭，以針時弊，訂正譌文錯簡，以及嚴守師說，申復厥旨，在其《札記》三十一篇中隨文流露，俯拾即是，至於《札記》之寫作體例，黃氏於略例中雖不明言，而究其大要，每篇之中，先釋篇旨，次則隨文闡義，至於援引舊文，除《楚辭》、《文選》、《史記》、《漢書》而外，亦慎加甄錄。無定格也。此書就《文心》五十篇言之，固非完璧，而其影響之廣遠，或將爲今後治彥和文論之學者，不可或缺之南鍼也。

2.文心雕龍輯注　范文瀾　明倫出版社印行　民國59年

　　范君字仲澐，時任私立南開大學教授。因《文心》舊注之疏舛，於是別撰新疏，以應社會之需要。一九二五年十月一日天津東馬路新懋印書館首先印行，名《文心雕龍講疏》，洋裝一巨冊。一九三一年

北平文化學社再版。一九三六年上海開明書店印本,改爲今名。一九六〇年香港商務印書館又重新校訂付印。一九七〇年臺北明倫出版社影印,名《文心雕龍注增訂本》。

　　按《文心雕龍》校注,自宋辛處信以後,若楊用修批點,梅子庚音注,黃叔琳輯注,紀曉嵐評述,多不脫明人圈點騭之陋規。自清代中葉,中西交通大開,文化交流日趨頻繁,我國傳統之治學方法,輒因受西學之影響而改弦易轍。若經學、若史學、若子學,甚而集部之整理與分析,均有日新又新之成就。而范文瀾《文心雕龍》注,雖未完全擺脫舊習,而其旁徵博引,鼎故鎔新,不薄今賢,師法前修之精神與態度,確爲《文心雕龍》注釋方面開一新紀元。范氏自述其校勘之依據云:「是根據黃叔琳校本,再參以孫仲容先生手錄顧千里、黃堯圃合校本,譚復堂先生校本,鈴木虎雄校勘記,及趙萬里校唐人殘寫本。」其於注釋方面取材云:「網羅古今之說,不下數百家。詳記注者之姓氏及書名卷數;至於師友之言,亦多加甄采,如注中稱黃先生,即蘄春黃季剛,陳先生即象山陳伯弢。」尤以黃氏《文心雕龍札記》,已於一九一八年梓行可觀,而陳氏之說幸藉范注得窺其要眇。再以劉勰《文心》所引成篇多所散佚,此注又將其見存者悉加抄撮,大省讀者翻檢之勞。惟此書素以繁富見稱,然引典援證,釋文闡義,亦有未諦者,故楊明照先生有《范文瀾文心雕龍注舉正》,日人斯波六郎有《文心雕龍范注補正》,張立齋先生有《文心雕龍注訂》,蓋長江大河,挾泥沙俱下,亦勢所不免也。此書首附《梁書·劉勰本傳》,黃校本原序,以及原校姓氏;次錄范氏注釋《文心雕龍例言》十條,並載有日人鈴本虎雄《黃叔琳本文心雕龍校勘記》之第一章〈緒言〉,與第二章〈校勘所用書目〉,又繼《文心雕龍目錄》之後,附載《文心雕龍注徵引篇目》,綜計所採各篇,共三百五十六種。此書校注體例,凡文有訛挩者,校於該篇當字之下,生難字詞,則分注於各當篇之後。

開明書店編輯部並據涵芬樓影印日本藏宋刊本《太平御覽》重校，殿於全書之末。此書優點，皆非同期一般著述所可及，至其十分顯著之缺點，在比證方面：如〈顏氏家訓・文章〉篇「夫文章原出於五經，詔命策檄，生於《書》者也……」一段，當與《文心・宗經》篇「論、說、辭、序，則《易》統其首……」互證。又〈文章〉篇「……自古文人，多陷輕薄……」一段，當與《文心・程器》篇「……自古文人，類不護細行……」互證。此范氏顯當補入而未補入者。在引書方面：范氏自序謂「今觀注本，紕繆弘多，所引書往往為今世所無，展轉取載，而不著其出處，顯係淺人之為。」此說誠是。而范注本身仍有出處未明者，如凡引許慎《說文解字》以釋文義時，多不書《說文》何部？卷一〈徵聖〉篇注十三引王弼說，〈宗經篇注〉二十一引郝懿行曰，皆不言何書何篇？在注釋方面，范注本有溯本窮源之優，而愜心貴當，比論互證，亦極重要，如〈原道〉篇「文之為德也大矣」句，范氏引章炳麟《國故論衡》文學總略篇，證彥和文德之意與《論衡》不同；然後又援《易・小畜》，以為彥和稱文德本此。終不若先引許慎《說文》分釋「文德」二字之本解，再援《易・小畜》、《詩・大雅・江漢》、《論語・季氏》篇，以遡其原為當。又〈宗經〉篇「故論、說、辭、序、則《易》統其首」以下，范氏無注，僅引《唐寫本》校字；意以為應撮引《文心雕龍》第十八章〈論說〉篇、第二十章〈書記〉篇、第十九章〈詔策〉篇、第二十二章〈章表〉篇、第二十三章〈奏啟〉篇、第八章〈詮賦〉篇、第九章〈頌讚〉篇、第六章〈明詩〉篇、第七章〈樂府〉篇、第十一章〈銘箴〉篇、第十二章〈誄碑〉篇、第十章〈祝盟〉篇，以及第十六章〈史傳〉篇、第二十章〈檄移〉篇，印證比對，知彥和發論，不落空言之實。在校勘方面，《文心》舊校疏陋，正與舊注同，范氏亦有當正而未正者，如〈知音〉篇「斯術既形」句，「形」《廣博物志》二九作「行」，「形」、「行」二字形音相近致誤，十分

顯然，而范氏既不引書相證，亦疏於注釋，其校勘不精者一也。〈鎔裁〉篇「駢拇枝指，由侈於性；附贅懸肬，實侈於形。二意兩出，義之駢枝也；同辭重句，文之肬贅也。」「二意」顏校引活本、兩京本、汪本作「一意」，當據正。蓋上下二句「兩」與「重」同，「駢枝」與「贅肬」又同；而「二」與「同」異，對句不稱，可疑一也。且「二意兩出」，何侈於性？不能謂之駢枝明矣。詞義不通，可疑二也。則「二」之爲「一」，塙切不移，即無所據各本，猶當改之矣，而范氏僅言「黃校作一」，不敢遽改，亦可謂不善思者矣。至於後茲之「增訂本」與原刊本相較，改訂之處，已不爲少，如以《序志》一篇爲例，「流別精而少巧」句，原本無注，「增訂本」注十五引「《廣文選》四二少巧亦作少功，案作少功是。《史記・太史公自序傳》儒者博而寡要，勞而少功，此彥和所本。」又「既沈予聞」句，原本以「洗聞」「沈蔽」六朝人常語；而「增訂本」二十二云：「案《戰國策》趙武靈王曰：學者沈于所聞，此彥和所本，作洗者不可從。」是又以後論推翻前論，類此者他篇多有之，讀者翻檢自得，不容贅也。

3.**文心雕龍校釋**　劉永濟　臺北正中書局　民國 46 年 3 月

　　作者於湖北武漢大學任教時，撰寫本書；先分篇刊載於《武大學報》，後彙集成冊，於一九四八年十月交正中書局發行。一九五七年正中書局在臺發行第一版，列爲該局「中國文史叢書」之一。一九六八年五月臺四版，一九六三年中華書局上海第一版。一九七四年十月臺北華正書局，一九五四年劉氏增訂本引進來臺，重新發行。此本較諸正中書局印行者，差別甚大，不僅恢復《文心雕龍》上下篇原有之編次，對於校字之增加，釋義之修訂，均予人有煥然一新之感。本書著述之體例，大別分校字、釋義二部分；校字所用之底本與輔本，蓋以黃叔琳輯注本爲主，於唐寫本及《太平御覽》所引者，亦爲重要依

據，其他舊校雖不名原校者姓氏，亦一律擇要錄入。至於所引之相關書籍甚夥，繁不備載。其校勘方式：大別就每篇歷來考校欠密者，取字或詞之數，詳加推闡。如〈徵聖〉篇校「是以子政論文必徵於聖，稚圭勸學必宗於經」句云：「舊校稚圭勸學原脫，楊慎補；唐寫本無上四子，勸學作窺聖。按升菴所補未知何據？子政論文，亦所未聞。疑文字乃政字之缺文，《漢書》載子政所上封事，多徵引仲尼，證之經義，舍人但取其徵聖，不限於論文，與下句稚圭勸學，事同一例。但如唐寫本作是以論文必徵於聖，窺聖必宗於經，義自可通，又按子政上《晏子敘錄》，有其文章可觀，義理可法，皆合於六經之語，《管子書錄》，亦有管子書務富國民安，道約言要，可以曉合經義之語，豈升菴即據此文增入子政之名邪？」此引相關書籍證楊慎增補之例：〈通變〉篇校「風味氣衰」句云：「黃校味一作末，是也，韓安國《匈奴和親》議，衝風之末，力不能漂鴻毛；非初不勁，末力衰也。舍人蓋用此語。〈封禪〉篇有風末力寡，語同此。」此引黃叔琳校，並考彥和造語出處之例。〈風骨〉篇校「唯藻耀而高翔，固文筆之鳴鳳也」句云：「《御覽》唯作若，筆作章，按此三字當據正。」，此引《太平御覽》校字之例。皆能援證立說，推陳出新，言人之所未曾言。本書釋義方面分兩截，初明通篇與分段大意，次闡述《文心》論文之閫奧；雖提綱挈領，卻言近旨遠，讀者如深接玩味，於彥和之文論，當不至泛濫無歸矣！如以〈通變〉篇為例，《釋義》云：「此篇分三段，首段文章有窮變通久之理，中分二節，初總揭文理，有常有變。次舉證，明常變由時，次段申言變今必本於法古，即贊語望今制奇，參古定法之意也。末段即論變今法古之術，中分二節：初舉例以證變今之不能離法古，次論通變之術。」此言全篇結構及其分段大意也。又云：「本篇最啟人疑者，即舍人論旨，是否主復古耳。紀評謂劉氏復古而名通變者，蓋當代之新聲，既無非濫調，則古人之舊式，轉屬新聲，黃

侃《札記》即申是說，然舍人首言資於故實，酌於新聲，贊語復發文律日新，變則可久，趨時乘機，望今參古之義，則競今疏古，固非所尚，泥古悖今，亦豈所喜？證以舍人他篇，每論一理，鑑周識圓，不為偏頗，知紀、黃所論，尚未的當。蓋此篇本旨，在明窮變通久之理，所謂變者，非一切舍舊，亦非一切從古之謂也。其中必有可變與不可變者焉，變其可變者，而後不可變者得通，可變者何？舍人所謂文、辭、氣、力，無方者是也。不可變者何？舍人所謂詩、賦、書、記有常者是也，舍人但標詩、賦、書、記、者，略舉四體，以概其餘也。詩以言志，千古同符；賦以諷諭，百手如一；此不可變者也，故曰名理相因，有常之體。若其志孰若，其辭何出，作者所遇之世，與夫所讀之書，皆相關焉。或質或文，或愉或戚，萬變不同，此不可不變者也，故曰文辭氣力，無方之數。準上而論，舍人於常變之界，固分之甚明矣。然觀其詞斥當世文士之語，則似所謂變者，亦不過欲復古耳。不知舍人之世，作者競學宋人……簡文但論學之不善者，裴氏則直以舍本逐末為宋賢流弊，據此可知齊、梁文學，已至窮極當變之會，乃學者習而不察，猶復循流依放，文乃愈弊。舍人〈通變〉之作，蓋欲通此窮途，變其末俗耳。」此言本篇之作意，在通文運之窮途，變末俗之流弊也。又云：「然欲變末俗之弊，則當上法不弊之文；欲通文運之窮，則當明辨常變之理，矯訛翻淺，還宗經誥者，上法不弊之文也。斟酌質文，櫽括雅俗者，明辨常變之理也。故曰可與言通變矣。其非泥古，顯然可知，至舉後世文例相循者五家，正示人以通變之術，非教人模擬古之文也，而博覽精閱之言，尤學者所當留意，未有博精之士，而為文猶復因襲陳言者也。」此段破紀評黃札謂劉氏復古而名通變之謬論也。又云：「復次人文推衍之理，近世西方論者，多主螺旋之式，我國前修每好循環之說。太史公謂三王之道若循環，周而復始，此語最足令淺識者生泥古之弊。惟姜宸英之言為最善，姜氏五七言詩選序曰：『文弊則必

變，變而後復於古，而古法之微，尤其默運於所變之中者。』其言足
與此篇相發明，又足正近人惡言復古之失。由其言推之，太史公循環
之論，與西人螺旋之說，實二五之與十也。蓋正視螺旋，則止見其循
環而已也。」此引申中、西學說，參互比較，以揭示彥和〈通變〉之
精義也。劉氏《文心雕龍校釋》之體例與內容大率如此。

4. 文心雕龍校注　楊明照　臺北世界書局　民國51年11月

此書原名《文心雕龍校注拾遺》，一九五七年十二月，完成於國
立四川大學。一九五九年一月香港龍門書店發行所發行第一版，一九
六一年發行第二版，一九六二年十一月臺灣臺北世界書局初版，並列
入該書局文學名著第五集。是書將黃叔琳《校注》，李詳《補注》，
以及楊氏其本人之《校注拾遺》，萃爲一編。並於書首收有《文心五
十篇目錄》一卷，《梁書劉勰傳箋注》一卷。書末有《附錄六種》九
卷；《引用書目》一卷，《附錄六種》是㈠劉勰著作二種，即〈梁建
安王造剡山石城寺石像碑〉，〈滅惑論〉，㈡歷代著錄與品評，㈢前
人徵引，㈣群書襲用，㈤序跋，㈥板本。此編極具匠心，不僅對劉彥
和生平事跡之考訂，不厭求詳；而於《文心雕龍》中字詞之校正，更
集元刊本、汪一元本、佘誨本、兩京遺編本、胡震亨本、凌雲本、合
刻五家本、四庫全書文津閣本、何允中漢魏叢書本、王謨漢魏叢書本、崇
文書局本、唐寫卷子本等之大成，可謂旁徵博引矣。其全書著述之體
例：每篇首列《文心雕龍》原文，次黃叔琳注，李詳補注。注文用細
字，均較正文低二格，再次楊明照《校注拾遺》。凡其所校，正文原
句用粗字頂格，原校低一格，楊氏按語低二格。楊氏校注之特色，略
有數點：㈠於彥和造語之所本特加之意：如〈原道〉篇「爲五行之秀，實
天地之心」句，黃叔琳校云：「一本實上有人字，心下有生存。」楊
案：「各本並與黃校一本同，《禮記‧禮運》：『故人者，其天地之

德，陰陽之交，五行之端也。食味、別聲、被色而生者也。』為舍人此文所本。」又「草木賁華」句；楊案：「《易》序〈卦傳〉：『賁者飾也。』此賁字亦當訓為飾，開明版范氏注謂文章貌，殊與詞性不合，《書‧偽湯誥》：『賁若草木』〈偽孔傳〉：『賁飾也……虞嬀M咸飾，若草本同華。』此蓋舍人語意所本。」又「九序惟歌」句：原校：「惟，《御覽》五八五引作詠。」楊案：「舍人是語本《書‧偽大禹謨》，當以作惟為是；其作詠者，蓋涉上吟詠句而誤。〈明詩〉篇『大禹成功，九序惟歌』，是其證。」㈡以本篇或同書他篇文字互校，如〈序志〉篇「仲治流別」句，原校：「治，四庫本作洽。」楊案：「治洽二字形近，故摯虞之字，《世說新語‧文學》篇作仲洽，劉注引王隱《晉書》同，而唐修《晉書》本傳則又作洽，是史傳已不一致矣。然以〈頌讚〉篇『而仲治流別』論之，則此當作仲治，始能前後一律。」又〈宗經〉篇「此聖人之殊致」句，原校：「人，唐本作文。」楊案：「文字是，〈徵聖〉篇『聖文之雅麗』，〈史傳〉篇『聖文之羽翮』，句法並與此同。」又〈明詩〉篇「太康敗德，五子咸怨」句：原校：「怨，唐本作諷；《御覽》五八六引同。」楊按：「諷字是，上云歌，此云諷，文本相對為義，故下言順美匡惡也，傳寫者蓋泥於〈偽五子之歌文〉而改耳。」㈢對於《文心雕龍》篇第二錯訛，楊氏亦隨文揭示，如〈時序篇校注〉云：「按〈時序〉當在〈才略〉篇之前，此篇論世，彼篇論人，文本相承，傳寫者謬其次第，則不倫矣，〈序志〉云：『崇替於〈時序〉，褒貶於〈才略〉』，明文可驗也。」楊氏校字釋義，詳究原委，必使根據鑿鑿，始因事立論，絕無駕空騰說之弊。又楊氏於《梁書劉勰傳箋注引言》中，自云：「劉舍人身世，《梁書》、《南史》，皆語焉不詳，文集既佚，考索愈難。雖多方涉獵，而戈釣者仍不足成篇。爰就《梁書》本傳為箋注，或可稍知其人。惜生卒年月，終不可審為缺然耳。」其為舍人作年譜或補傳之目的雖未達，而箋注精

詳，足為後之考訂劉氏生平者所取資。書末附錄㈠劉勰著作二篇，〈箋注〉云：「按《文心》全書，雖不關佛理；然其持論精深，組織嚴密，則非長於佛理者，不能載筆。其能成為文藝理論巨著者以此。寺塔碑誌，今存者僅〈梁建安王造石剡山石城寺石像碑〉一篇，載孔延之《會稽掇英總集》，餘如僧祐《出三藏記》，《法集雜記銘目錄》，所列〈鍾山上定林寺碑誌〉，〈建初寺初創碑銘〉，及慧皎《高僧傳》所言釋僧祐釋僧辯兩碑文，皆祇見其目，文已久佚。若目亦不得見者，更不知凡幾？至《弘明集》之《滅惑論》，則《辯護》之文。」㈡歷代著錄與品評，引言云：「《文心》著錄，始於《隋志》，自爾相沿，莫之或遺。雖卷帙無殊，而類別則異。今茲所臚，意即在此。蓋瞻彼一出一入，足知其孰短孰長也。」又云：「品評《文心》者，無代無之，高下在心，臧否自異；然終毀之者寡，譽之則眾，斯乃識大識小之殊，見知見仁之別，於舍人書未必皆當也。閒嘗為之采摭，洎梁訖清，得四十有九家，類列如次，其載諸書不與焉。」㈢前人徵引：前言云：「前人之徵引文心者夥矣。自唐至明，涉獵所得，三十有九家。或取之宏事類，或奉之以為鑾鑑，或尚其修詞之麗，或重其說理之工。立意雖殊，采摭則一，今並為之逐錄，以時相次。若篇章長者，則僅具其顛末云。」㈣群書襲用：前言云：「《文心》一書，藝苑要籍，前賢必多諷誦之者，故自梁元帝之《金樓子》，以逮明陳懋仁之《續文章緣起》，凡二十有四書，皆時與《文心》符。同心同理，容或有之；然字句無異，則非偶合。蓋研味既久，易與融會，無意襲用，而載筆自來；未必皆有河分岡勢，春入燒痕之嫌之也。」㈤序跋，前言云：「《文心》卷末，有〈序志〉一篇，於全書綱旨，言之差備。今茲所錄，則後人手筆，與舍人意趣固不相同；然時移人異，銓衡自殊，其足邵者，正以此也，爰逐列於次，以見一斑。至論板本源流種別者，亦附列焉。」㈥板本：前言云：「《文心》異本頗多，曾寓目者，無

慮數十種。然大半由黃氏輯注本出，不足尙也。餘已一一爲之讎對，
優劣互呈，其行款梗概，略述如左方，至公私書目著錄，與他書言及
而未見者，亦附列焉。」楊氏蒐討詳盡，品列有序，予研究《文心雕
龍》者一極大之便利。

5. **文心雕龍新書　王利器**　臺北成文出版社　民國57年

　　此書於一九五一年巴黎大學漢學研究所首先出版，同年七月香港
龍門書店影印初版，一九六七年二月再版，一九六八年臺北成文出版
社影印發行。王氏勘校此書甚精，雖然遵循乾、嘉諸老之遺軌，但有
若干處頗能突過前修，超邁時賢。其校勘《文心雕龍》所用之書目最
爲繁賾，如底本方面，計：敦煌唐寫本，傳校元本，明嘉靖庚子新安
汪一元刻本，嘉靖癸卯佘誨本，萬曆七年張之象本，萬曆十五年胡維
新、原一魁兩京遺編本，萬曆二十年何允中漢魏叢書本，萬曆三十七
年梅慶生校本，萬曆四十年凌雲五色套印本，天啓二年梅慶生第六次
校定本，天啓五年達古堂刊僞歸有光諸子彙函本，崇禎七年陳仁錫奇
賞彙編本，金陵聚錦堂梓行鍾惺評合刻五家言文言本，梁杰評本，清
謹軒藍格舊鈔本，清乾隆六年姚刻黃注養素堂原本，《四庫全書》文
津閣本，《四庫全書》黃氏《輯注》文津閣本，乾隆五十六年金谿王
氏刊漢魏叢書本，乾隆五十六年張松孫本，道光十三年廣東朱墨套印
紀昀評本，光緒三年崇文叢書本，民國六年龍谿精舍叢書本，以及王
惟儉故訓本，黃丕烈引活字本，日本岡白駒校正句讀本等三十六種。
採用前人徵引《文心雕龍》本文之相關書方面，如：梁蕭繹《金樓子》，
唐姚思廉《梁書》，孔穎達《尚書正義》，《毛詩正義》、劉知幾《
史通》，日本僧空海《文鏡秘府論》，劉存事始，南唐徐鍇《說文繫
傳》，宋高似孫《史略》，晁公武《郡齋讀書志》，《太平御覽》，
《高承事物紀原》，任廣《書敍指南》，釋適之《金壺記》，吳曾《

能改齋漫錄》，洪邁《容齋隨筆》，葉廷珪《海錄碎事》，祝穆《事文類聚》，潘自牧《記纂淵海》，林駧新《箋決科古今源流至論》，王應麟《玉海》、《困學紀聞》，洪興祖《楚辭補注》，黃庭堅《豫章文集》，施元之《蘇詩注》，陳應行《吟窗雜錄》，元王淵濟《群書通要》，明陳耀文《天中記》，彭大翼《山堂肆考》，董斯張《廣博物志》，徐炬《事物原始》，潘慶基《古逸書》，魯重民《經史子集合纂類語》，劉節《廣文選》，朱荃宰《文通》，陳繼儒《古論大觀》，馮惟訥《詩記》，梅鼎祚《六朝詩乘》，吳訥《文章辨體》，徐師曾《文體明辨》，陳懋仁《文章緣起注》、續《文章緣起注》，王志堅《四六法海》，楊慎《古今諺》、《升菴文集》，郎瑛《七修類稿》，周亮工《尺牘新鈔》，清王謨。《讀書引》，惠棟《九曜齋筆記》，錢大昕《十駕齋養新錄》，李調元《賦話》，浦銑復《小齋賦話》，盧文弨《抱經堂文集》等五十三種。引用舊說方面，如：梅慶生音注本，黃叔琳輯注本，紀昀評本，范文瀾注本，姚範《援鶉堂筆記》、《四庫全書考證》，孫詒讓《札迻》，李詳《補注》，黃侃《札記》，日本鈴木虎雄《校勘記》，以及傳錄馮舒，何焯、顧廣圻、黃丕烈、譚獻堂諸家校本，亦不下十數種，可謂集《文心雕龍》手鈔本、單刻本、選本、校本、前人徵引，群書襲用，與古今評注之大成，成此一部《文心雕龍新書》。新書者，定本也，雖王氏謙稱「不敢冒定本之名，止命為新書。」而本書確為鑽研《文心雕龍》者解決疑難，必備之讀物。王氏校勘《文心雕龍》之態度，亦極其客觀，據其序錄可知：一、由於梅注黃注二本之不可信賴，於是王氏盡取諸家所據材料，詳加追蹤對校，然後以梅還梅，以黃還黃，以甲還甲，以乙還乙，使其不至失去諸本之原貌而張冠李戴。二、由於舊說舊校留下甚多錯誤見解，於是王氏對前人意見，加以批判，務使涇渭分流，朱紫各判，庶幾不流於信口雌黃而郢書燕說。至其校勘所運用之方法，更綜理《文

心雕龍》傳本錯誤之情形，對症下藥，故有用對校法可解決者，用對校法。可用本校法解決者，用本校法。更有以他校法可解決者，用他校法。如不能乞靈於上述三法時，則又慎重運用理校法。四法並進，則凡《文心》傳本之文字形近致誤者，音近致誤者，一字誤作二字者，上下文偏旁相涉而誤者，俗書形近而誤者，壞文形近而誤者，上下文顛倒者，脫漏者，增衍者，王氏皆一一為之揀剔，務期渙然冰釋，怡然理順；足以餉遺來學，沾溉無窮。

6. 文心雕龍新書附通檢　王利器　成文出版社　民57年

　　書為中法漢書研究所《通檢叢刊》之十五，一九五二年由巴黎大學漢學研究所出版，臺灣成文出版社依原版影印發行。本書為索引之一種，編輯詳備，《文心》各篇中某字某句，皆可於其中檢得，是書並列有法文拼音檢字，及英文拼音檢字，通檢之前加印王利器《文心雕龍新書》，便於對照翻檢，首頁列〈凡例〉八條，尤以二至七條，足以表現本書編輯之特色。茲節錄如次：㈡本通檢之纂輯係依「堪靠燈」式（Concordance），即每條皆以一句為斷，逐字逐詞一概分別立目。其字或詞若見於某句之首，則立目之後，可自目中連讀；其字或詞若在句中，則立目之後，於注中該字或詞之原地位以「，」代表之。㈢本通檢每條有目、注之分，間亦僅有目而無注者。凡目皆用五號鉛字排印，注則用六號鉛字。每條後端所附之阿拉伯數碼，為所在原書之卷數、頁數及行數。㈣本通檢各條目字均依漢字筆劃排列，筆劃同者，則按《康熙字典》之部首順序定其前後，筆劃及部首均同者，則按《康熙字典》部首下之順序定其前後。㈤本通檢各條，凡目字全同者，皆依原書卷、頁、行、中出現之順序排列，除首條列出目字外，餘皆以橫線代替之。㈥本通檢之編纂採用互見之法，若不如此，則混淆雜居，翻難抉別矣。㈦本通檢之編纂又採用互參之法，依「堪靠燈」式，不

便為之歸併，故用參見之法，以說明其關係。

7.英譯文心雕龍　施友忠　臺北中華書局　409頁　民59年

　　作者於北平燕京大學，美國南加州大學畢業，一九四五年赴美西雅圖華盛頓大學任教，一九五八年在華大研究基金之獎助下，以兩年時間，完成此部英譯《文心雕龍》（The Literary Mind and The Carving of Dragons）。一九五九年，由哥倫比亞大學出版部印行，列為該部文化叢書之一。一九七〇年，施氏徵得哥大出版部之同意，收回版權，於是乘休假來臺之便，交由中華書局再版發行；並改為中、英對照，以減少國內學者翻檢之勞。此部流行國外十數年之久之中國古典文論譯著，至此始與國內學者正式晤面，並漸次被學界所重視。施氏中、英對照本《文心雕龍》，全書共三百八十三頁，首頁有中、英對照〈文心雕龍簡介〉，臺大中文系教授鄭騫先生序，以及譯者施友忠一九七〇年〈中英對照本文心雕龍出版前言〉（Preface to The Bilingual Edition），一九五七年〈卷頭語〉（Acknowledgments），其次目錄（Contents），引言（Introduction），以下正文。正文之編排，除〈序志〉一篇列於卷首之外，其他各篇順序照舊。英文在前，中文附後，注解錄於每篇之末，分篇則別起。末載本書索引（Index）。自施氏譯本出版後，早已廣泛引起國內外學術界人士之注意，其中如英籍學者大衛·哈克斯（David Hawkes）。美國哈大中文系教授海陶瑋（James R Hightower），臺大中文系教授鄭騫，均有中肯之評述。彼等一致認為此書不僅有助於西方學者，介紹中國文學理論，而對國內學者閱讀古籍，亦極具啟發作用。沈謙先生近著〈評施撰英譯本文心雕龍〉一文，載於一九七三年三月號《書評書目》中。沈先生嘗由譯本之體例，根據之底本，翻譯之技巧三方面評介，以為「綜觀施友忠教授《英譯文心雕龍》全書，雖然在體例上、底本上，以及翻

譯的技巧方面，都有若干明顯的缺點或有待商榷處。但筆者仍然深深地感覺到此書的難能與可貴。同時在中、西文學的交流上更有著了不起的貢獻。

1.**文心神思篇衆譯商榷　陳耀南**　書目季刊　19卷3期　頁11-19　民74年8月

　　本文刊於書目季刊十九卷三期，本文由文心神思篇衆家翻譯著手比較分析，希能找出〈神思〉篇文字之確解，以還劉勰爲文之眞義，以達「信」、「達」、「雅」之譯文標準，全文共列舉郭晉稀《文心雕龍》譯注十八篇，周振甫《文心雕龍譯注》，陸侃如、牟世金《文心雕龍譯注》，趙仲邑《文心雕龍譯注》，李曰剛《文心雕龍斠詮》，張光年《文心雕龍選譯》，何長清《文心雕龍淺釋》，張長青、張會恩《文心雕龍詮釋》，施友忠（The Literary Mild and The Carving of Dragon），黃兆傑（Early Chinese Literary Criticism）等人譯本進行比較分析。

2.**文心雕龍與詩品文學觀之對立　興膳宏撰、陳鴻森譯**　幼獅學誌18卷4期　頁70-82　民74年10月

　　作者爲日本興膳宏，陳鴻森翻譯，此文發表於《幼獅學誌》 18卷4期，全文主旨在將六朝文學批評史的二大文學理論──《文心》與《詩品》二書，進行二者在文學觀之對立的研究，作者以爲劉勰與鍾嶸存在著根本上的差異，而本文由「奇」字一端，以探索這兩位批評家的文學觀，主要分別自二人使用此一批評術語之方式及各別的用例，加以考見二者之文學觀在根源上對立之型態，兼以論述此二人在政治派別上不同，自然鍾嶸以敵對立場的愛奇看詩，甚至攻擊劉勰所使用的「愛奇」觀念，得出其文學觀對立之結論。

3. **文心雕龍的邏輯應用　陳耀南**　古典文學　9期　頁131-150　民76年4月

　　作者以爲《文心》「體大思精」，「識周慮圓」，自然涵蘊了極可注意的邏輯運用。於是從「文心雕龍整體組織的邏輯」來看劉勰對許多名詞的界定，無論是內涵與外延，皆十分周密，對種屬的劃分，均清楚交代，由概念組合的命題，判斷準確，又無論是直接演繹推理，或間接演繹推理，歸納推理，類比推理等均若合符節，無懈可擊。文末作者滿腹自信地說：「這正是援用文字奧妙，耐人咀嚼，而且鍛鍊我們思考能力的地方。」

4. **美國的《文心雕龍》翻譯與研究　黃維樑**　漢學研究通訊　10卷1期　頁19-21　民80年3月

　　作者以爲美國的龍學專家，有成果而刊於世者，只有施友忠（Vincent Yu-Chung Shin、Donald Arthur Gibbs 及 Paul Youg-Shing Shao）等三人，其中施友忠於一九五九年英譯《文心雕龍》，於導言中力主劉勰徵聖宗經，是一古典主義者，強調不同文學要素，保持均衡的重要，特別注意到《附會》所包涵的「有機統一體」概念，而 Donald Arthur Gibbs 一九七○年完成博士論文《文心雕龍的文學理論》，其書主要借亞伯瑞穆斯的《鏡與燈》之理論，來闡釋劉勰觀點，而一九八一年 Paul Yong-Shing Shao 則完成其博士論文《劉勰：理論家、批評家、修辭學家》，嘗試用現代心理學和批評學說解釋劉勰文論中的部分說法。作者肯定以上三人對龍學研究皆有具體貢獻。

5. **文心雕龍聲訓論　吳琦幸**　漢學研究　9卷1期　頁17-37　民80年6月

　　文中提出劉勰是第一個用聲訓來全面闡釋文體名義，並且緊密地

為貫徹他的文學觀念服務，對後世有莫大影響，且這種方法也成為《文心雕龍》論述文體流變的一個重要內容，作者特以聲訓為主題，分別自訓詁學、文體學及劉勰治學方法論述分析，肯定劉勰揉合了今古文學派治學之長，要語不繁、清通簡約，在訓詁學上具有一定之意義，鮮明體現了南方學者治學的特點。

6. 緯書對文心雕龍的影響　黎活仁　國文天地　7卷11期　頁55-58　民81年4月

作者黎活仁，其為文主要方法乃是透過陳槃、安居香山、中村璋八等三位緯書研究者之成果，全面檢討劉勰《文心雕龍》一書有關讖緯的論述，得出四個研究結果：為一劉勰可公開討論緯書，其特殊背景乃是南齊沒有下令禁絕緯書。二南齊帝室所謂膺籙的緯書，包括老子河洛讖，而此書影響《文心》對老子的評價，基本上劉氏對老子是歌頌的態度。三以現代研究緯書學者作一評估，可明劉勰對緯書無正確認識。四劉勰對緯書的肯定多於否定。

7. 文心雕龍與西方文學理論　黃維樑　中國文哲研究通訊　21卷6期　民80年10月

此為黃維樑主講，阮人傑記錄，後刊載於《中國文哲研究所通訊》。通篇有七章：首章談西方文學理論及其危機，由於理論浩繁；解釋困難，直是花多眼亂。次章言學者用西方觀點看《文心雕龍》，發現許多理論與方法，劉勰均能兼顧，且眼界更廣。三、四章分別比較《文心雕龍》與Aristotle《詩學》和Wellek & Warren《文學論》之異同。五章則對照「六觀」說和「新批評」理論，更見《文心雕龍》之豐富與周延。六章論證《文心雕龍・辨騷》篇是「實際批評」的雛型。七章略論《文心雕龍》與其他西方當代文學理論之別，並期盼學者投入

其間之研究，將《文心雕龍》此一瑰寶發揚光大。

8.「重新發現中國古代文化的作用」──用文心雕龍「六觀」法析評白先勇的　《骨灰》　黃維樑　中外文學　21卷6期　民81年11月

本文推崇《文心雕龍》體大慮周，並視「六觀」法爲評析作品藝術、衡量作品成就的一個理論架構，兼以作者深愛白先勇小說之沈鬱精深、憂時感世，遂經由〈骨灰〉一文，嚐試以古法證論新篇，作爲劉勰「通變」說之實驗。文分四章：首章調整「六觀」之先後次序，並界定其意涵與關聯。次章先由位體、事義、置辭、宮商談起，並配合西方文學理論分析〈骨灰〉之主題、情節、寫作技巧和故事發展節奏。三章再依奇正與通變談白先勇的創作風格。末章直言「六觀」法可用來衡量古今中外各種作品。

9.五、六世紀之交世界文學教育史上的一枝獨秀──劉勰《文心雕龍》教育理論初探　李　軍　孔孟月刊　32卷9期　頁38-45　民83年6月

本文試圖從新的視角來拓展龍學的研究領域，以爲《文心雕龍》爲世界歷史上第一部有系統的「文學教材教法」，第一部文學人材的「教育學」，作者肯定《文心》善於繼承傳統思想，尤其是針對儒學教育思想積極地進行理論創新，深入探討人和教育的本質，注意從學習角度來討論教育對發展人的多重價值，對後世影響深遠，故值得高度重視。

10.論劉勰〈原道〉之「自然」說是《文心雕龍》文章美學的理論基礎　馮春田　中國國學　24期　頁101-114　民85年10月

本文主旨在說明劉勰《文心雕龍》〈原道〉篇所提出的「自然說」是《文心雕龍》美學的最基本的理論觀點，換言之，即劉勰的自然說

是《文心雕龍》文章美學的理論基礎，本文由「不輕疑古」而又「不曲爲之說」的態度，自以下四大方面進行討論：一劉勰原道篇自然說的基本含義。二劉勰自然說中「形」、「聲」、「情」諸種「文」之關係。三「形」、「聲」、「情」諸種「文」共同特徵的歷史因素考察。四劉勰自然說的實質。最後得出劉勰《文心雕龍》實是中國古代的文章美學著作。

11.由「人格之善」到「情文之美」──論《文心雕龍》之「文質」論對孔子思想的繼承　馮春田　孔孟月刊　35卷7期　頁32-36　民86年4月

作者指出《文心雕龍》文質論的核心，就是關於「情文之美」的理論。劉勰力倡爲文要徵聖、宗經，以周孔諸聖爲楷模，以聖人經典爲範式，確立起論文的標準，認爲「聖文」正是「志足而言文，情信而辭巧」，即「文質」和諧完美的典範。因此，劉勰的「文質」論與儒家聖哲，特別是孔子密切相關。可說是繼承孔子「人格之善」的標準而發展成「情文之美」的理論。由「人格之善」到「情文之美」，是劉勰對孔子思想在文學領域上的一大發展。

12.中國古代的「文美」理論巨著──劉勰《文心雕龍》性質評說　馮春田　孔孟月刊　35卷12期　頁29-38　民86年9月

本文主旨針對《文心雕龍》之性質，加以分析評說，首自前人之研究相關文獻資料，作舉要式回顧，以爲清代以前之學者，多主《文心》是一部「論文」或論述文章問題之書，但二十年代之研究者，則將《文心》定位爲「文學批評」或「文學理論」，作者由《文心》論述對象及由此而來的基本觀點分析，以爲劉勰認爲「美」乃「文」的本質屬性，故於論文時，莫不以「文美」爲其衡量之標準，故文末謂

其性質是「一部中國古代的『文章美學』的巨著」。

13.試論中華審美元典之總綱──《文心雕龍·原道》辨證　欒　棟

哲學與文化　24卷10期　頁950-961　民86年10月

　　作者於文中首先肯定《文心雕龍》是中華民族的審美寶典，作者由《文心》總綱──原道篇進行哲學上的探討，認為劉勰文道論的根本是天人合一觀，道器論的關鍵是神聖教化論，審美論的最高境界是垂文明道說。此三大綱目交相盤織，互通有無，構成了《文心雕龍》本體論，目的論和審美論的哲學基礎，通過〈原道〉篇提綱挈領的人文架構，論證《文心雕龍》作為審美的幾個根本性品格，以體現文心巨著的博大精深。

14.融道於儒：劉勰《文心雕龍》的文學「自然」論　馮春田　孔孟月

刊　36卷9期　頁29-39　民87年6月

　　作者以為欲探討中國古代文論之最的《文心雕龍》的文學觀念，應將它置於中國古代的哲學文化環境中去考察認識，如此，方可取得「古今對話」的深入理解和溝通，本文即對《文心雕龍》的文學「自然」論進行分析探討，試圖如實地揭示以孔子思想為主導的劉勰正統的文學理論及魏晉玄學「自然論」的改造或融合現實，由此而顯示劉勰建構其文學理論系統而「融道於儒」的事實。

蕭淑貞、吳明德　校對